自分の弱さを知る

宇宙で見えたこと、地上で見えたこと

野口聡一　大江麻理子

光文社新書

まえがき

　大江麻理子さんと初めてお会いしたのは、もう15年以上前、２００９年秋のことです。当時の私は、二度目の宇宙飛行を目前にしていた時期でした。打ち上げに向けて、訓練の最終仕上げ段階をアメリカ、テキサス州のヒューストンにあるＮＡＳＡジョンソン宇宙センターで迎えていました。チーム一丸となって緊張感高まる現場に、打ち上げ前最後の取材チームとして大江さんたちがやってきたのです。

　当時、大江さんはテレビ東京で大晦日恒例の「東急ジルベスターコンサート」のメインＭＣを担当されていました。２００９年は世界天文年（ガリレオ・ガリレイが天体望遠鏡を使って初めて本格的な天体観測を行ってから４００年目に当たるメモリアル・イヤー）でしたので、その年を締めくくるのにふさわしく国際宇宙ステーション（ＩＳＳ）と地上のコンサート会場をつなぐという企画を持ってきてくれたのです。宇宙と音楽、科学技術とコンサートという、ややもすると縁遠い組み合わせになりそうな取材において、大江さんが目を輝かせてNASAの訓練施設を回ってレポートされていたのがとても印象的でした。

このコンサートは大成功で、その縁もあり大江さんと私はいろいろな機会で一緒に仕事をさせていただくことになりました。

その中でも印象深いのは、2012年に最初の対談集『野口さん、宇宙ってどんなにおいですか？』（朝日新聞出版）を共著として刊行させていただいたことです。私が宇宙長期滞在から帰ってきて帰国報告会を終えた頃、まだ宇宙の記憶、感触、余韻が残っている間に行った、「宇宙に行くってどういうことなの？」という大江さんからの問いかけに答える形での対談でした。

宇宙業界に長くいると、とかく宇宙開発の意義や経済的効果を強調することに気を取られてしまいがちなのですが、大江さんならではの穏やかながらも鋭い切り口で、従来の視点にとらわれない、俯瞰《ふかん》的な広い視野を感じさせてくれたことを覚えています。

大江さんはとても勉強熱心で、対談当日も普段から使われているという取材ノートを持っていらっしゃいました。そこには宇宙ステーションや宇宙長期滞在の詳細、そして質問のポイントがびっしり書かれていました。また、数百枚に及ぶ地球観測写真のコピーには一枚ずつコメントが入れられ、中にはかわいいイラストも入っており、下調べにかなりの時間をかけていたことがうかがわれました。大江さんの「宇宙キャスター」としての熱意に引っ張られて話は弾み、宇宙飛行の準備段階から打ち上げ、宇宙滞在体験、着陸そして帰還後のリハビリ、報告会に至るまでの一連の流れをしっかりと網羅した、とてもよい対談集になったと思います。

さて、そんな感じで仕事を楽しくご一緒させていただいていた大江さんと私でしたが、2013年頃から転機が訪れました。テレビ東京のエースキャスターとして順調にステップを踏んでいた大江さんがニューヨークにご栄転になり、そして帰国後には満を持して局の看板番組『WBS（ワールドビジネスサテライト）』メインキャスターに抜擢《ばってき》されたのです。

飛ぶ鳥を落とす勢いで華やかな舞台を駆け上っていく大江さんを祝福しつつ、その頃の私は低空飛行に陥っていました。宇宙飛行の最前線であるNASAを一時的に離れて日本のデスクワークを主とする部署に異動となったのです。現場とは違ったストレスや人間関係に苦悩する日々が続いていました。

今だから冷静に、客観的に振り返ることができますが、当時の私は「誰だって、半径5メートルの人間関係に悩み、押しつぶされそうになっているんだ」ということに気がつかなかったのです。そしてそれは宇宙から帰還した宇宙飛行士だけでなく、オリンピックから戻ったトップアスリートや定年を迎えた会社員にも共通する悩みであることも知らなかった。現代は、状況は違っても、皆同じように燃え尽きを経験し、悩み、心が折れる時代なのです。「華やかな舞台、ヒリヒリする現場を経験した後に日常に戻るのは、日常から晴れ舞台に行く時以上に苦労するものだ」という考えは、その頃の私の経験がベースになっています。

そんな状態が何年か続いた後、いろいろな幸運な出会いもあり、自分なりに苦悩の日々から抜け出すことができました。そして2020年には、自身三度目となった宇宙飛行を経験し、人類初の三種類の宇宙帰還成功でギネス世界記録達成というおまけも付いてきました。

その経緯はこの本の中でじっくりと語らせていただきますが、このような心の変遷を、改めて大江さんと話したいなと思うようになりました。幸いなことに2024年になって雑誌「BAILA」の特集企画で大江さんと対談する機会があり、私の苦悩の時期の話をさせていただいたのですが、その時非常に驚いたのは、順風満帆に見えていた大江さんにも、会社員として真摯《しんし》に仕事を追求する中で似たような心の葛藤《かっとう》と大組織の中での挫折があったということです。テレビ越しに垣間見る大江キャスターの姿は常に余裕にあふれていて、キャリアパスも順調そのものと勝手に思っていたので、大江さんにも苦悩の時期があったということは本当に意外でした。

そして、「皆、例外なく、心が折れる時代」について、二人で改めてじっくりと話したいと思い、この対談企画をお願いしたところ、ご快諾いただいたというわけです。

対談は一度では終わらず、二度、三度と続きましたが、回を重ねるごとにお互いの本音が聞けて、そこからさらに議論が深まるという、とてもエキサイティングな対談になりました。この素晴らしい対談の実現のために尽力していただいた光文社の小松現様、編集を担当していただいた嵯峨崎文香様、リーブルテックの種田心吾様、そしてテレビ東京の横田純平様に、この場をお借りして感謝申し上げます。

それでは、２００９年のヒューストンでの出会いから、２０２４年のスペースX社クルードラゴン宇宙船による宇宙飛行を終えるまでの15年間、私と大江さんの心の中にどういう変化と葛藤があったのか、そこからどうやって抜け出すことができたのか、我々の長い対話をお聞きください。

2025年3月11日　東日本大震災から14年を迎えた日に

野口聡一

自分の弱さを知る

宇宙で見えたこと、地上で見えたこと

目 次

野口聡一　大江麻理子

第3章　半径5メートルの景色が心の風向きを変える …… 93

第4章　安全な空間から外の世界へ飛び出す時

第1章

今だから話せる燃え尽きの真実

野口聡一さんが初めて宇宙に飛び立ったのは2005年。そして、2009～2010年に国際宇宙ステーション（ISS）に滞在、数々のミッションを成功させています。

そんな野口さんと大江麻理子さんが初めて出会ったのは2009年のことでした。大江さんはその出会いをきっかけに宇宙に対する興味を広げ、2011年から『宇宙ニュース』のキャスターを務めた経歴もあります。

宇宙に対する新しい挑戦を志していた野口さんと、報道の仕事に携わりたいと思っていた大江さん、その後、順調にキャリアを積み重ねてきたように見えるお二人ですが、実はそれぞれ目まぐるしい状況の変化がありました。どんな困難があって、いかにそれを乗り越えて今に至るのか、お二人の15年間について語っていただきます。

初めて出会ってからの15年間は激動の時代

野口　大江さんと初めてヒューストンでお会いしたのは２００９年。私にとって2回目の宇宙飛行になるソユーズ宇宙船打ち上げの直前でした。

大江　ガリレオ・ガリレイが天体望遠鏡を使った天体観測を行ったのが１６０９年。それから４００年を記念して制定された世界天文年のことでしたね。野口さんたち３人のクルーが訓練しているソユーズの実物大模型を目の前にしてインタビューさせていただいたことがきっかけで、私も宇宙に興味を持つようになったんです。

野口　そこから足かけ3年ぐらいで作ったのが『野口さん、宇宙ってどんなにおいですか？』という本でした。

大江　２０１１年から始まった番組『宇宙ニュース』では２０１３年にニューヨーク支局へ赴任するまでキャスターを務めました。その後、野口さんがアンカーマンを務めてくださいましたね。

野口　そこからずいぶん経ちましたね。初めてお会いしてから15年余。僕もそれなりに波がありましたが、大江さんもいろいろな変化があったと思います。

大江　仕事の内容もずいぶん変わりました。ニューヨークには3年ほど滞在するつもりで行きましたが、翌年急遽《きゅうきょ》帰国。アナウンス室から報道局に所属が変わり、『WBS（ワールドビジネスサテライト）』のメインキャスターになったんです。ずいぶん環境は変わりました。

野口　いろいろな仕事をして立場や状況も変化しましたが、まずは内面のことをお話ししていきたいと思っています。

大江　２００９年12月、ソユーズTMA－17で宇宙に出発し、約半年の滞在ののち、翌２０１０年６月、地球に帰っていらっしゃいましたね。

野口　今思い返してみても、やはりあの2回目のフライトから帰ってきた時がプロの宇宙飛行士としての絶頂期にあったと思います。自分としてもそうですし、周囲からもそう見えていたでしょう。

大江　野口さんご自身が絶頂期と感じられていたのは、どのような状態だったのでしょうか。

野口　初めてアメリカのスペースシャトルで宇宙へ行ったのが２００５年。その時はまだ先輩諸氏がたくさんいる中で見習いとして行って、思う存分暴れてきたという感じでした。

2回目のフライトの前には、ロシアで3、4年ほど訓練しました。なかなか大変な訓練ではありましたが、そのおかげでソユーズに乗って、無事に帰って来ることができました。

帰還してふと気づくと、その瞬間、ほとんどの日本人の先輩諸氏の記録を抜いていました。滞在日数や、船外活動の数、乗った宇宙船の種類などを含めて、その一瞬だけ、日本人宇宙飛行士に関する記録をすべて持っている状態になりました。

もちろん、記録を塗り替えたくてやってきたわけではありませんが、宇宙飛行士としてやるべきことをやって、それまで目指してきた先輩たちの記録を抜いたという感覚はすごいものがありました。いろいろな意味で自信を持っていましたし、もしかしたらちょっと調子に乗っていた時期でもあったかなとは思います。

一方で、そこからが苦しい時期の始まりでした。よく「燃え尽き症候群」という言い方をしますが、大きな仕事をした後、無事に日常に戻っていける人とそうではない人がいるのでしょう。

絶頂期の後、本人が調子に乗っている、粋《いき》がっているような時には、周りからいい気になるなよという雰囲気を感じることもあります。それは、なかなか無事に日常に戻れない時の一つの典型的な姿ではないかと思います。

僕自身も幸か不幸か、いろいろな巡り合わせで非常にいいミッションに当たることができて、それこそ大変で困難なことは確かに多かったのですが、それをなんとか乗り越えて大き

な成果を達成することができました。その経験が大きかっただけに、その後、さあ、この先どうすればいいのだろうという戸惑いがあったのです。

大江　次の目標として、次世代宇宙船の運用初号機に乗ることをずっと前から狙っていらっしゃいましたよね。

野口　その思いはありましたが、明確にそれを目指すという段階ではありませんでした。まだその未来が見えなかったというのが正しいところでしょうか。

大江　私の目には、かなりクリアに目指していらっしゃるように見えていました。スペースXとボーイングによる次世代宇宙船の開発が始まって間もない頃で、これから開発競争が激しくなりそうだという時期だったと思います。そんな中で野口さんが「僕が最初に行くもんね」と心に決めていらっしゃった感じがして、ああ、常に目標を高いところに設定なさるんだなと思っていました。

野口　そう見えていたんですね。自分ではその時の感覚をちょっと忘れかけているかもしれません。そういうのも含めて、２０１０年、11年は、ちょっと調子に乗っていた時期だったかなと思います。２０１２年頃までは、高尾山に登ったから次は富士山だ、そしてその次はエベレストだという気分だったんです。ところが、次世代宇宙船の運用は時期尚早であって、なかなか開発は進まず、実用化の目処《めど》が立たない状況でした。富士山とエベレストの間にはかなりの差があったわけです。

大江　期待はされているものの、いつになるか、そもそもうまくいくのかどうかもはっきりわからない時期が続いたのですね。開発されるのをただ待つしかない、自分の力ではどうしようもないという状況はもどかしかったのではないでしょうか。

野口　まさにそのとおりです。目標にしてはいたのですが、実際にはなかなかそれが近づいてきません。おかしい、いつまで経ってもエベレストが近づいてこない、「この次、一番乗りするんだ」と言ったわりに、その一番乗りするはずの乗り物が全然できないという状況に、焦りの気持ちがだんだんと生まれてきました。

一方で、その間に、後輩たちも含めていろいろな人たちが自分の記録を抜いていきます。本当にこのままでいいのかなという気持ちが湧いてきました。それが２０１３年、14年あたりぐらいのことでしょうか。もちろん、目標がなかったわけではないのですが、それまでのように明確に何かに向かっている状況とはまるで違っていたのです。

初回、スペースシャトルに乗る時はそれに集中していたので、先輩たちの言うとおりにやっていればいいという信念がありました。２回目、ソユーズに乗る時には、ある程度、自分の経験でやってやるという気概がありました。けれども2回目のフライトから帰ってきた後には、新しい目標は立てたもののまったく具体化しない、状況が進んでいる気がしないという苦しみが日に日に大きくなる時期が訪れたのです。

不完全燃焼の毎日に心が折れそうになった時期

大江　では、３回目のフライトから戻って完全に燃え尽きたというわけではなく、２回目のフライトの後、３回目の前にすでに苦悩があったのですね。

野口　そういうことになります。最終的に、３回目のフライトが決まったのは２０１９年でしたが、私がいわゆる燃え尽きの状態になったのは3回目のフライトから戻ってきた後ではなく、３回目に行く前だったのです。

２０１０年に2回目の宇宙から帰ってきて、２０１１年には東日本大震災が起こり、その直後に日本に戻ってきました。しばらくは日本にいたのですが、その間、なかなか次の出番がやってこない、声がかからないという苦しい時期があったんです。いろいろな人の話を聞きながら次の機会に備えてはいたのですが、それでもやはりどうしても道が開けない閉塞感が拭《ぬぐ》えませんでした。結果的に、再度アメリカに行くことになったのは、２０１６年のことでした。

アメリカに行くまでの期間は、日本にいてデスクワークをするのが主な業務でした。時々、訓練という名目でヒューストンに行ったり、サバイバル訓練のようなものに参加したりということもありましたが、それでもやはりヒューストンやロシアで訓練漬けだった以前の生活とはまったく違います。その頃の僕は、まさしく不完全燃焼という感じでした。次に宇宙に行くという目標も当然あるはずなのですが、どうにも気持ちがそこに向かってはいない感じでした。おそらく、それがよくなかったのでしょう。

大江　それまで全力でミッションに挑んでいらしたのが、いきなり不完全燃焼の状態に陥ったということですね。

野口　はい。そうした感覚が、おそらく心を徐々にむしばんでいくのではないかと思います。スポーツ選手が現役を引退する時も似ていると想像しますが、完全にスパッと何かのキャリアを辞められる人は少ないのではないでしょうか。うまく乗り切れる人もいるのでしょうが、僕はそうはいきませんでした。

本当はフルスロットルでレースを走りたいと思っているのに、時々そういう環境に行ってちょっと走っては、また普通の生活に戻る。全速力で走ってきた生活から急にアイドリング状態になって、そのアイドリングが長くていつまで続くかわからない。そんな生活に不完全燃焼感があったのかもしれません。

大江　そこまでがあまりにも全速力だったため、変化が大きすぎたのかもしれませんね。しかもそのアイドリング期間は、次に誰が飛ぶかということも含めて、本当に自分の力だけではどうしようもないことですよね。宇宙飛行士なら誰でも飛びたいという思いがおありでしょうし。

野口　それもはじめのうちは気にせずにいられたのですが、ひと回り、ふた回りやったところで、そんな現状もしっかり理解しないといけなくなってきたということだと思います。おそらく、すぐにでも飛びたいという気持ちが大きかったのだと思います。大きく構えてその日をじっくり待つというほど人間もできていなかったのでしょう。

大江　そんな時、心の内を相談できる先輩方はいなかったのでしょうか。

野口　時期的に微妙だったのかなと思います。当時は、先輩に当たる宇宙飛行士の方たちがちょうど現役を外れた後でもありました。毛利衛さんは一足早く、２０００年に日本科学未来館の館長に就任されましたし、向井千秋さんは２００７年に日本へ戻られ、土井隆雄さんは２００９年に国連に移っておられて、先輩がいない状態でした。一方で、後輩に当たる宇宙飛行士たちが本格的に宇宙に行くために訓練を重ねている。そういう切り替えの時期だった気がします。

大江　最も境遇が近いのは若田光一さんでしょうか。

野口　そうですね。若田さんはある意味、僕以上に走り続けている方です。若田さんにもおそらく大変だった時期はあるのでしょうが、ただ、それを超えるぐらいのスピードで、走っていらっしゃるのではないかなと思います。

そんなこんなで不完全燃焼の時期を過ごしている中で、宇宙に行くことの意味ってそもそも何だったっけと考えるようになりました。そうした原点に立ち返って取り組むようになったのが、「当事者研究」です。

立花隆先生の『宇宙からの帰還』（中公文庫）は、私が宇宙飛行士を目指すきっかけになった本です。そして、まさに宇宙飛行士のその後を描いた当事者研究でもあります。そもそも、なぜ宇宙に行こうとしているのかとか、宇宙に行くことで内面世界にどのような変化、影響があるのかということを、自分で悶々《もんもん》としているだけではなく、きちんと言葉や文章にして、客観的に見ることをしようと考えたわけです。きっかけは、東京大学の当事者研究会との出合いでした。

大江　当事者研究というのは、研究活動としては比較的新しい分野ですね。

野口　もともとは、北海道にある「べてるの家」という精神障害のある方たちの生活拠点施設から始まった研究活動で、障害者やDV被害者、薬物依存者などが研究の対象です。普通は精神科医がそういう方たちを診《み》るのですが、自分たちでないとわからないところもある、自分たちの問題は自分たちで解決しようという考え方から、当事者自らが研究しようということで始まりました。

ですから、当事者が被験者でもあり、研究者でもあります。自分の発した言葉を客観的に見直していこうというのが当事者研究の本来の意味であり、我々はそれらの手法をお借りしつつ研究活動を進めています。

たとえば、アスリートの方がオリンピックに出場して金メダルを取って戻ってきた後にどうするか。それまでは、野球なら野球、水泳なら水泳と、それだけをやってきて、成果を上げていれば褒められてきた。銅メダルが銀メダルになったらみんなが称賛して、銀メダルが金メダルになったら国民的ヒーローになります。けれども、４年に１回のオリンピックが終わって帰って来ると、いきなりお疲れ様という雰囲気になってしまいます。

大江　それまでの目標をクリアして、極度の緊張から解放される代わりに、その後の道が見えなくなるという状態でしょうか。

野口　今はそんな状況をカバーする体制が整いつつありますが、昔は、それでいきなり社会から消えてなくなるような人も少なくなかった。賞賛されていた時とその後の精神的な落差がものすごく大きくて、自分を見失ってしまう、自暴自棄になるというように、一般社会になじめずに苦しむケースが往々にしてあったのです。

定年後の会社員も同じような境遇でしょう。30年以上も同じ組織にいて、その組織の中でのいろいろな約束事、ルールに沿って生きてきて、出世街道をひた走ってきた。そんな当たり前の生活が、ある日突然終わりを迎える。すると、自分の立場というか、礎《いしずえ》のようなものがなくなってしまいます。一般にアイデンティティの崩壊と言われるようなものですね。

アスリートの方も、我々宇宙飛行士も、それにとても近い状況です。宇宙飛行士というと特殊な立場で普通とは違った存在に感じるかもしれませんが、結局、ワーッと盛り上がった後にやってくる寂寥感《せきりようかん》のようなものは、どんな立場にでも共通して感じられるものです。それをきちんと見て、認めて、徐々に自分のペースを再構築するということが必要になるのです。

アイデンティティを仕事に求めない生き方

大江　アイデンティティについて、むかし真剣に考えたことがあります。「アイデンティティを何によって確立するかがとても重要だ」ということを大学時代の授業で習って、それがずっと心に残っているんです。大学に行って初めてキリスト教に触れたのですが、それはとても興味深い経験でした。何より心に残っているのが、アイデンティティというものは、不変のものによって確立しないといけないという話です。変わるものと自分とを結びつけてアイデンティティを確立してしまうと、そちらが変わってしまった時に自分を見失うことになるというのです。

野口　なるほど。アイデンティティは揺らぎやすいものですからね。

大江　キリスト教の教えでは、だからこそアイデンティティは神との関係で確立しなさいということですが、私はキリスト教の信者ではないので神というのがよくわかりませんでした。それならば、その他の不変のものって何だろうと考えたら、誰もがいつかは死ぬというのは共通していると、その時思いついたのです。だから、死ぬまでにどう生きるかというように、死と自分とを結びつけてアイデンティティを確立しておけば、途中ではしごを外されることはないのではないかと考えるようになりました。仕事に自分の存在意義を見出してしまうと、どうしても困難にぶつかるケースが多いのではないかという気がします。

野口　確かにそうですね。大江さんもこの15年間、我々のような視聴者側から見るとだいぶ変化があったと感じますが、ご本人としてはどうだったのでしょうか。

大江　そんな考えがあったので、私はあまり仕事によって自分を価値づけたことがありません。だからこそ、同じ仕事を10年ほど続けると、これをずっと私が続けるのはサステナブルではないと感じて、次の人に渡したほうがいいのではないかと感じてしまうタイプです。もしかしたら根っからの会社員気質なのかもしれません。
ですから、今の仕事、やっていることを手放すことへの不安感や執着というものはあまりないほうです。「この仕事はずっと私のものだ」と考えたこともありません。もちろん、だからといって投げやりになっているわけではなく、携わっている間は精一杯頑張ろうと決めています。ただし、仕事で誰かを打ち負かそうとか、この席を絶対他人に譲りたくないなどと思ったことはないんです。

野口　そうですか。仕事でのポジションをいわゆるアイデンティティというか、自分の十八番《おはこ》、定位置と感じていらっしゃる人のほうが多いのではないかと思います。そのような姿勢が大江さんならではの持ち味なのでしょう。
15年前というと、『出没!アド街ック天国』や『モヤモヤさまぁ～ず2』という番組に出ながら、報道をやりたいという気持ちを持ち続けていらした頃ですね。そこからニューヨーク赴任も挟んで、ひたすらやりたいことに向かって走ってきたのだろうと外からは見えたのですが、ご本人としてはそうでもなかったのでしょうか。

大江　そもそもテレビ局の採用試験を受けたのは、報道に関心があったからです。それで入社以来、ずっと報道番組にも携わってきました。ただ、アド街やモヤモヤさまというエンタテインメント系の番組にもつかせてもらい、自分の幅を広げていただけて本当によかったと思います。そうした中でも、いずれ報道の仕事で専門性を高めていきたいという希望はありました。けれども、それができなかったからといって、私の本質が変わるわけでもないと思っていたんです。とくに焦りを感じることもなく、いずれ自分が必要とされる日が来れば、その時ちゃんと役に立てる人間になるために準備をしておこうという感覚でした。

そして、自分がそう考えていることを会社が汲《く》んでくれて、ニューヨークに赴任させてくれることになりました。とてもありがたいことに、テレビ東京は私を育てようという視点で見てくれていた感じがします。

チャンスをずっと待ってはいたのですが、誰がニューヨークに行くかを決めるのは会社ですから、それは自分の意思だけではどうしようもないことでした。とはいえ、行っても1年で帰って来ることになってしまったのですが。

野口　WBSのメインキャスターになることが決まったからですね。

大江　はい。やはり、このような人生の波、サーフィンでいうところの「乗れる波」はいつ来るかわからないものです。ずっと待ちぼうけでいるのは確かに苦しいと思いますが、来た波にちゃんと乗れる自分でいるかどうかということが、一般人である私たちにとっては結構重要だと思います。
野口さんは、おそらくいつでもReady to goでそのような心配がないから、波が来ないことが人一倍長く感じられて、おつらかったのではないかと思いました。私は、その時に備えてちゃんと筋トレしておかなければならなかったので、自分の状態を整えるのに精一杯でした。

野口　ニューヨークへの赴任からWBSのメインキャスターに就任というのは、テレビ東京としてもきちんとエースを育てようという方針があってのことだと感じていました。大江さん自身も、首尾一貫してやりたいことに向かって走ってきた期間なのだろうと外からは見えていましたし、初めてお会いした頃の大江さんが望んでいた、報道の仕事をしたいというところは叶えられて充実した毎日を送っているのだろうと思っていたものです。

大江　２０１３年ニューヨークに1年間赴任して、WBSでメインキャスターになったのが２０１４年。野口さんにお会いして一緒にお仕事をさせていただいてからの5年間くらいで一気に状況が変わったという感じです。

野口　そういう意味では、大江さんのほうが激動の時期だったわけですね。

自分との闘いには終わりがない

大江　野口さんが感じておられたような「待つ」という時間は、私には確かになかったと思います。ただし、あまりにも目まぐるしいというのはありました。ニューヨークに赴任して、翌年に戻ってきて、すぐＷＢＳが始まりましたから。ニューヨークでお世話になった方々にまったく挨拶もできないまま、最後のオンエアを終えて３日後にはもう飛行機に乗っていたほどです。３年ほどいる予定だったので家具も全部揃《そろ》えたのですが、それも泣く泣くお譲りして、荷物をまとめるにも時間がなくて引っ越し業者の方にすべて梱包をお願いすることになりました。

野口　そうですか。そんな激動の日々には、なかなかストレスもあったのかなと思いますが、そこからは夢を叶えられて……。

大江　いいえ。夢が叶ったと悦に入るような状況にはなく、もうずっと、毎日が自分との闘いです。目の前にあることは、「できないこと」しかなくて、「今日もこれができなかった」「明日はこれができるようになろう」というように、毎日毎日、ひたすら自分にダメ出しをし続けました。

野口　そうなんですか。外から見る分には、まったくそうは見えていませんでした。

大江　そうやって走り続ける日々が3年ぐらい続いた時、体にちょっとした変化が訪れるようになったんです。まったく肌荒れが治らなくなってしまって、顔中に湿疹ができ、真っ赤にただれました。おそらく自律神経が乱れてしまったのかなと思います。

野口　その頃は月曜日から金曜日まで、週5日間出演されていましたね。

大江　はい。しかも当時は夜11時からの生放送でしたので、1日のピークをそこに持っていかなければならないわけですが、私は取材をするのが好きだったので、週に何度も取材に出掛けていたんです。当然、取材先の都合に合わせる必要がありますから、朝から出掛けたりすることも多かったんです。

朝は早い、夜は遅いという生活を3年ぐらい続けて、しかも、毎日毎日、自分にダメ出しを続けていたら、体調が不安定になってきました。特に、肌荒れがひどい。そしてそれを「大江、肌荒れひどい」とSNSやネット記事に容赦なく書かれてしまう。「まあそうだよね」と自分でも認めざるを得ないくらいの状態の中、そんな声に触れることでさらに精神的に参ってしまいました。

野口　その状態になった時、ダメだ、もうこれ以上続けられないとは考えなかったのでしょうか。

大江　私はそういう時に負けたくないと思ってしまうんです。ここでギブアップしたくない、ちゃんと爪痕を残してからじゃないと退《ひ》かないぞとその時は思っていました。そのせいで体にかなりの負担をかけていたのかもしれません。それでも、このままだと「ああ、やっぱり大江には務まらなかったね」となって終わることになってしまう。それだけは嫌で、なんとか「ちゃんとできたね、この人」というところまで頑張ろうと思っていました。

野口　結構、猛烈なビジネスパーソンタイプですね。

大江　負けん気が強いのかもしれません。といっても、誰かと争うということはなくて、常に自分との闘いなんですが。

野口　自分がギブアップしたくないということですね。

大江　そうなんです。自分が納得できるところ、ちゃんとできたなと思えるところまでやりたいと思っていました。そうしないと、せっかく私をこの席に座らせてくれた人たちにも申し訳ないという思いもありました。この人に任せてよかったなと思ってもらえるように、とずっと考えていましたね。そうなると、メインキャスター3年目ぐらいの私のスキルでは申し訳ないと思っていました。

野口　なるほど。それでは、その状態からどうやって脱出できたんですか。

大江　本当に日々の積み重ねしかありませんでした。毎日、コツコツと勉強です。そして5年くらい経った頃でしょうか、日々のニュースの積み重ねで、点と点が線になっていく感じというのがわかってきたんです。

ああ、このニュース、そういえば以前こういうことがあったのと関係しているなというようにも、出来事の経緯がだんだんわかってくるようになりました。すると、そのニュースの取り上げ方について、自分からいろいろな提案ができるようになってきます。

このトピックを取り上げるのなら、何年前にあったこの出来事が出発点だから、こちらをまずしっかり説明して、それでVTRを作りましょうということが言えるようになってきました。そうするとだいぶ気が楽になってきたというか、ちゃんと番組づくりに貢献ができているという感覚になってきたという感じです。

野口　WBSのメインキャスターにはこのレベルが求められるというのを把握されていたから、5年目くらいでそこに達した時に楽になれたということなのでしょうか。

大江　ここまでいけばOKというのは、多分ないんですね。それは今もそうです。毎日毎日のオンエアで評価されますから、今も毎日が面接試験、採用試験のような気分でいます。

野口　それはなかなかしんどいですね。典型的な、心が折れてしまうパターンになっています。

大江　あ、折れてしまうパターンだったんですか。

野口　これまで、本当によく頑張ってこられたと思います。

大江　それは周りの人がいい人たちで、ずっと助けてくれたからでしょうね。環境に恵まれたことが大きかったと思います。

野口　先ほどお話しした、会社員で燃え尽きを経験したような方の話を聞くと、他人と比べながら自分のレベルを上げようと頑張った場合、いわゆるやっかみ、妬み、嫉《そね》みが生まれるようになるんです。けれども、相手が自分の時は、ある程度レベルが上がるとまたハードルを高くしてしまい、逃げ水を追いかけるような感じできりがない。真面目な人ほど、終わりがないエンドレスルージングバトルになりがちなので、そこからよくぞ生還されたという気がします。

休みたいという体の声にも気づけないほど闘って

大江　ただ、メインキャスターになって6年目くらいの時に、さすがに体力の限界を感じたタイミングがありました。数年前から甲状腺の機能がおかしくなっていたことに加え、突発性難聴が悪化してメニエール病を発症し、めまいで吐きながらどうにか仕事をするような状態になったのです。もうこのペースでは続けられないかもしれないと思って上司に相談しました。「もう体がもちません」と。

野口　上司の反応はどうでしたか。

大江　「まずは、1カ月休んでみませんか」と言ってくれました。

野口　その提案ができるのは素晴らしい上司ですね。

大江　ちょうど働き方改革を進めようという会社の方針もあったため、ありがたいことにすんなりと1カ月のお休みをいただくことが決まりました。

野口　一般的に、会社員があまりの激務に「休みたい」と上司に訴えた場合、まず「ちょっと待て」「ちょっと考えろ」とは誰もが言うんですが、日常業務に忙殺されてその先のフォローがない。大江さんの場合に1カ月間休んでいいというオファーができたのは、上司も会社も素晴らしかったのだと思います。

大江　かなりギリギリの状態でしたね。私自身それまでは1日たりとも休めないと思い込んでいたんです。ひどい風邪を引いたこともありますし、ギックリ首になったこともあります。首を痛めた時は首が固まってしまってまったく動かないので、ブロック注射を打ってなんとか動くようにしていました。ところが、動くようになると首がぐにゃぐにゃになってしまって、今度はまともに歩けなくなってしまう。そんな苦労をしていましたが、そんな中でも「生放送の1時間、どうにか頑張って」と言われて頑張り続けていました。

メニエール病になった時は、めまいで目の前がぐるぐる回っている中でもどうにか仕事をしないと、という状況で、家に帰ると倒れてしまいます。這《は》うように会社に行って、どうにか取材をして、11時になっていざ本番が始まると、ピシッとする。そんな状態でした。

ですから、会社に相談したのは本当にどうしようもないほど体調が厳しくなってきた時です。その時の報道局長が、「じゃあ、1カ月休んでみよう」と言ってくれたことで、私自身もハッとしました。

野口　そういう選択肢があるということに気がつかなくなってしまうんですね。

大江　相談してもすんなり受け入れられるとは思ってもみなかったので、「え、休むってありなんだ」とびっくりしました。
「休みというからには急に呼び出したりしないから、とにかくのんびりしてね」と言ってもらって、その1カ月間はヨガのレッスンに行ったり、お味噌を手作りしたりと、とにかくのんびり過ごしました。するととても毎日が充実していて、人生って仕事以外にもやることがたくさんあるんだなと改めて気がついたんです。

野口　今、当事者研究としていろいろな経験をされた方のお話を聞くわけですが、追い詰められると選択肢がなくなってくる人が多いんです。そのまま体調を崩して倒れてしまう人もいますし、最悪、深夜0時過ぎに終電を待つ駅のホームに立って、電車が入って来た時にふと「このまま一歩前に出れば楽になれるな」という考えが頭をよぎった、なんていう話も伺いました。いろいろな体調の変化に気づいた時、心も体もすでにSOSを発しているんですね。

大江　それまでにも体はSOSを発していたのでしょうが、そこにはまったく気がつかないふりをするというか、ふたをしていたのでしょう。サステナブルな働き方ができないと、サステナブルな社会にはならないということにも気づきました。
キャスターも、月曜日から金曜日まで同じ人が出続けるものというのがそれまでの常識でした。けれども、キャスターにも働き方改革が適用されるべきだということを会社の上層部が話し合って、検討してくれました。それがまさにコロナ禍《か》に突入する直前です。
それで、1カ月の休みが終わった後からは、これまでと働き方を変えて、祝日は休むことにしようと決まったのですが、戻ってきた時にはコロナ対策が必要な状況になり、WBSのスタッフをA班、B班に分けることになりました。緊急事態があっても問題なく事業が継続できるように、BCP（事業継続計画）体制を組むことになったのです。
ディレクターだけではなく、キャスターもA班、B班に分かれて出社を交互にする。たとえA班にクラスターが起きてもB班で番組を続けることができるようにするという体制で、私は月曜日、水曜日、金曜日と、飛び石で出演するようになりました。火曜日と木曜日はリモートワークで、翌日の放送の準備などを家でしていました。

野口　それは素晴らしいですね。それが成り立つとわかったのは、コロナのおかげかもしれません。コロナ禍では多くの人が大変な思いを経験しましたが、リモート勤務を含めて全員が全員、月曜から金曜まで出ずっぱりじゃなくてもいい、そういう体制がとれるのだとわかったのは結構大きな収穫だと思いますね。

大江　それまでは、会議の際には必ず会社に行かなくてはならなかったわけですが、あれ、出社しなくてもなんとかなるんだというのはみんなにとって大きな気づきでした。そして、テレビ局にとって最も大きな気づきは、リモート会議システムの映像をテレビで流してもいいということでした。

以前は、やはり画質がとびきりいいもの以外、流してはいけないというテレビ局の矜持《きょうじ》みたいなものがあったわけです。だから、どんなに遠いところであっても、ＥＮＧという大きいカメラを担いで行って、取材をして、その映像を流していました。けれどもＺｏｏｍでいいんだということになって、一気に世界が広がりました。

国内の移動ができなくなった時でも、オンラインであれば日本中の人に取材ができる。それればかりか、海外にいるコロナの専門家など、世界中のタイムリーに話を聞きたい人にインタビューすることも可能になりました。今までは、対面で会えないイコール撮れないだったのが、対面で会えないならそれでも話せる方法を探ろうという発想の転換ができたのは大きな収穫でした。

野口　何時であっても専門家の方にすぐに登場してもらえるというのは、視聴者側にとってもありがたいことだったと思います。

大江　そのような形で、コロナ禍中にはアフガニスタンにいるタリバンの報道官にインタビューをすることもできました。以前であれば直接現地まで行かないとインタビューできず、渡航が難しい地域の人に話を聞くのは極めてハードルが高かったのですが、こんな社会になったからこそ実現できたのです。

第2章

今を生きる自分たちに成長神話は必要か

2010年に2回目のフライトから戻った後、燃え尽きの状態を経験したという野口さん。自分自身が苦しい状況に陥った時に考えていたのは、プレッシャーと成長の関係についてでした。夢や希望を叶えたいと頑張れば、誰もがプレッシャーに出合います。それを乗り越えることで成長することができる半面、プレッシャーによって心がむしばまれてしまうこともあります。

今、プレッシャーが本当に必要なのかを改めて問い直す時代に来ているのではないかと感じる野口さんと、大きなプレッシャーを乗り越えることで理想の姿に近づいてきたことを実感する大江さん。お二人が、プレッシャーは本当に必要なのか、必要であるならどこまでが益で、どこからが害になりうるのかについて語り合います。

誰の心も簡単に折れてしまう時代

野口　燃え尽きの話で一つの課題となるのが、プレッシャーです。競争社会の中で、人はいいプレッシャーを感じて成長するものだという成長神話が僕たちの中にあって、それがずっと存在していると感じます。たとえば、わかりやすい例として少年野球や高校野球があります。

あの苦しい練習を耐えたから勝利に意味があるとか、あのプレッシャーを切り抜けたからこそ成長できたのだとか、そういう価値観が根強く残っています。年長者の方は、今は大変かもしれないけれど、この難所を切り抜ければもう一段上に行けるから頑張れと声をかけます。僕自身、日本で育ってきた中でこのような場面を多く経験してきました。多くの人が経験することとしては、受験勉強もそうでしょう。

「ここを乗り切れば」「この1年頑張れば」成長できる、あるいは会社であれば「このプロジェクトが終わるまでは」「課長になるまでは」「部長になるまでは」一心不乱に頑張ろうという風潮が根強く残っています。大変かもしれないけれど、それこそがバネみたいなものになって大きな成果があるという思いが染みついています。おそらく、これはある年齢以上の日本人に共通する一般的な現象だろうと、僕は今、強く感じています。

大江　そうですね。私たちの世代は、時にはプレッシャーも必要だと言われて育ってきた気がします。

野口　プレッシャーにも、いいプレッシャーと悪いプレッシャーがあるという考え方があります。悪いプレッシャーだとつぶれてしまうけれど、いいプレッシャーは必要だと、とくに会社の経営者などはよくそうおっしゃいます。

けれども、プレッシャーはやはりプレッシャーであり、つまりはストレスです。大なり小なりやはりストレスであって、ストレス耐性は人によって違う。だから、プレッシャーを与えることで成長するというのは、とくに昭和マインドでは当然の考えではあったかもしれませんが、それがそもそも本当に正しかったのかというのが、当事者研究を通じていろいろな形で感じている疑問です。

今は皆、等しく心が折れる時代です。この人は強いから大丈夫というのはもうあり得なくて、誰の心も折れる時代になっている。もしかしたらずっと以前からそうだったのかもしれませんが、うまく気を紛らわすとか、違うところで力を発揮するとか、あるいは社会としてのいいサポート体制があったとか、そういうことでなんとかなっていたのではないでしょうか。

けれども、今はみんなプレッシャーを感じると簡単に心が折れると思ったほうがいいぐらいです。プレッシャーに対するストレス耐性がどんどん落ちている状況で、成長戦略としてのプレッシャーがあること自体を見直さなくてはならないと感じています。

新入社員が入社式の日の午後に退職願を出して人事部が慌てているという話も聞きますが、それぐらいまでストレスレベルは下がっているわけです。入社式の社長の話がおじさんくさかったから辞めますと言われてしまったと聞いたこともあります。そんな状況は、社会としてサステナブルではないですよね。

大江　けれども、私たちのほうがそのストレスレベルに合わせなくてはいけないのかなという疑問も湧いてきます。

野口　そこに合わせないといけないのか、それともプレッシャーを与えること自体がいいことなのかということも含めて見直していかないといけないということかもしれません。

もっとも、みんながみんな優しくなれというわけではないんですね。若い人が会社を辞める理由の一つはブラックだからですが、もう一つ、ホワイトすぎるからというのもあります。いわゆるホワイトハラスメントですね。こんなぬるい会社ではスキルアップできないという理由で、つまりノーストレスも嫌なわけです。「じゃあ、どうせえちゅうねん」というのが、おじさんとしての言い分になるわけですが。

大江　難しいですよね。そんな状況に遭遇したら、いったいどうすればいいのでしょう。

野口　成長のための手段がプレッシャーを与えることだというのが、少なくとも常に正しいわけではないと理解しなくてはならないのでしょうね。一方で、自分を成長させてくれない環境も嫌なわけです。つまり、ストレスが低いことと緊張感がないことは、明確に別物であるということです。

ストレスレベルをどこにもっていくかはさらに難しいことではありますが、いずれにしても、ストレス耐性が極端に下がっていることは認識しておいたほうがいいでしょう。働く現場で誰かの体や心が悲鳴を上げている時、今は働き方改革でうまく抑えようとしているはずですが、そもそも悲鳴すら上げられないこともあります。

繰り返しますが、大江さんはそんな状態でよく頑張っていらしたと思います。ＷＢＳを始めてからはテレビでしかお見かけしなかったので、視聴者としては「ものすごく頑張ってるな」と感心するばかりで、その陰にそんな壮絶な現実があったとは知りませんでした。

大江　テレビ東京では、入社直後から「仕事のできる人間」の一人としてカウントされます。新人であっても急に大物のインタビューを担当させてもらって「はい、どうぞ」なので、かなりのプレッシャーでした。

野口　それは大きなプレッシャーですね。

大江　ほとんどの人が入社以来それを繰り返してきたので、極度の緊張状態の中で失敗を重ねながらどうにかスキルアップしてきたという歴史があります。総理の番記者もだいたい新人記者に任されます。

野口　まさしく、そのような大きな舞台とか大事な役でプレッシャーを与えられつつ仕事をすればそれだけ大きな成長があると、僕も昭和の人間なのでそう思いたいほうです。けれども、実は燃え尽きを早めているだけということはないだろうか、というのが今の私の思いなんです。

ものすごくいい仕事ができるようになった時に、いや、でももうそろそろこういう仕事から離れて一息つきたいなということもあるのではないでしょうか。たとえば、『なんで会社辞めたんですか？』（講談社）の著者の高橋弘樹さんがそうです。この本は会社を辞めた６人の話をまとめたもので、僕もその中の一人で登場していますが、高橋さんご自身もテレビ東京を退職されています。

もうこんな生活をしていられないと思う何かがどこかに表れるのが、かつては55歳だったのが今では45歳になっている可能性も大いにあるわけです。ですから、ある程度レベルが上がっていくと、もうやっていられない、やらなくていいとなってしまう。それは、鼻の先にニンジンをぶら下げて走る社会の一つの限界なのではないかという気がします。

繰り返しになりますが、かといってプレッシャーを与えなければいいのかというと、まったくそんなことはない。それでは個人の成長がなくて、国としても滅びてしまいます。となると今、考えるべきは、プレッシャーを与えることで成長するという考えを無条件で受け入れてはいけないということではないかという気がするんです。

大江　となると、プレッシャーにも「程よい負荷」というものがあるのでしょうか。

野口　いえ、それはまだわかりませんが、多分、程よい負荷をかけるのがいいのだとは思います。筋トレはいい例で、今の状態にはこれくらいの負荷がいいとトレーナーさんが見てくれますよね。トレーニングによって筋肉はダメージを受けるけれど、適度な栄養と休息で回復して強くなっていくというのが、筋トレを例にするとわかりやすいんです。

大江　体を壊さないためには自分に適した重さでトレーニングするのがいいという考え方もありますね。だから、この程度なら無理はないという程よい負荷というものがきっとあるのだろうと思います。

野口　心にも程よい負荷というものがあるのかもしれませんが、それは見えにくい。たとえば大変だと思ってもなんとか乗り越えることができて、その日の夜にはおいしい酒が飲めてよく眠れるというレベルであればいいわけです。けれども、乗り越えたとしても食事も楽しめず、胃に穴を開けてしまうというレベルになると、サステナブルかどうかという観点では明確に違いますね。どれぐらいが程よいプレッシャーなのかを知るのはとても難しいことだとは思いますが、これから探っていかないといけないことだと思います。

成長は手段であって人生の目的ではない

大江　私としては、命をかけて宇宙に行ってきた野口さんと、入社して最初に会った人の感じが悪いからといって辞める人を、同列に並べることはできないのではないかと思うんです。どちらも同じくプレッシャーと呼ぶのは、ちょっとわけが違うように感じられて、そこはどうにも納得できていません。

野口　たとえば、骨が折れていたら添え木をします。鼻水をたらして青い顔や赤い顔をしていたら、「お前、風邪だから休めよ」とみんなが言ってくれます。けれども、心が折れていてもそれは外には見えないので、放っておかれることが多いんです。

とはいえ本来、骨が折れるとか風邪をひくというのと同じように、心の問題はちゃんとケアしていかないといけない。それは、宇宙飛行士だろうと新入社員だろうと同じです。場数を踏んでいろいろくぐり抜けてきた人に見えても、皆、等しく心が折れる時代なんだと思います。

　プレッシャーの話で言えば、なんとなく若者のほうがプレッシャーに弱くて、百戦錬磨の人のほうがプレッシャーに強いような感じがするとは思います。実際、そんな部分もあるかもしれません。少なくとも我々はそこをうまく切り抜けるすべを多少は学んできましたから。そうなると、若い人がいきなり嫌なことにさらされてすぐに辞めてしまうというのもありうることだと思います。それなら、プレッシャーって何なんだという話ですね。これはなかなかうまく説明できないのですが。

大江　プレッシャーがないと成長しないというか、場数を踏む中で痛い目に遭《あ》いながら人は大きくなるものという実感もあって、痛い目に遭うたびに「プレッシャーは嫌だ」「お休みします」となっていたら、なかなか一人前にならないんじゃないかと思ってしまいます。会社からすると、いつになったらこの人は戦力になるのか、ボランティアじゃないんだと思ってしまいそうなところがあって、人を育てるのは本当に難しいと思うんです。

野口　そうですね。我々も若い世代を引っ張っていかないといけないので、難しいところです。いいプレッシャー、悪いプレッシャーの話で言うと、問題点の一つはそもそも組織として利益を出していかないといけない、いい成果を出さなくてはいけないというところにあります。そのためには個人が成長していかないといけない、つまり成長が大事ということになります。

そのためには、プレッシャーをかけるのが手っ取り早い。もう少しはっきり言うと、成長はいいことである、そのためのプレッシャーもいいことである、だからプレッシャーは必要であるというような三段論法のようなものがあって、それによって我々は伸びてきたのも確かです。これはそもそも成長が大事であるという前提だったわけですが、一方で、成長って本当に大事なことなんだろうかという思いもあるんです。

本来は自己実現をするため、もっと簡単に言うと幸せになるために僕たちは生きているわけですよね。その幸せのための手段が自己実現であり、自己実現欲求を満たしていくことです。自分としてこういうことをしたいという思いが満たされることが幸せにつながると思っているんですが、成功するために成長しないと、より多くの成果が得られないと思ってしまう。そのためにプレッシャーをかけて成功しようとする、それはつまり勝利するということです。勝利を得るためにはプレッシャーが必要で、勝利には陶酔感、高揚感が伴います。プレッシャーを与えられて、出世競争ないしセールス競争、販売競争のようなものに勝利し、より高いハードルをクリアすることで、より多くの高揚を得ることができるのです。

そうすると、それには終わりがないんじゃないの、と思うんです。一度勝利を得ると、次はそれより多くの勝利を求めるようになります。ギャンブルもそういうものだと言われますね。一度勝つと、同じ勝利ではもう興奮が得られないから、より多くのものを求めて、どんどんスケールアップしていく。勝利の刺激と勝利の成果を求めるサイクルには終わりがありません。すると、身体的な健康、精神的な健康を害してでも、その勝利、つまり成長を求め続けることになって、まさしく追い詰められて、メンタルを崩すことになっていってしまうのです。

それを克服しながら、僕たちの今の競争社会が成り立っているというのはよくわかっているのですが、それは軍事社会や、会社のような機能社会とまったく同じことになります。その場合の評価軸は外にあって、お金を儲《もう》けることであったり、敵軍をより多く倒すことであったり、同期の中で最初に上の階層に行くことであったりします。

このように明確に評価軸が外にあるので、それを克服しようとすれば、そこには競争があって、プレッシャーがあって、ご褒美は勝利の幸福感です。けれども、どこかでこの永遠に続くサイクルから抜け出さないと、もとはといえば幸せになるためにスタートしたのに、手段であったはずの成長が目的になってしまうのではないかと問いたいわけです。

何を叶えるための成長なのか

大江　成長が目的になっている社会は怖いということですね。では、成長しなければどうなるのでしょう。

野口　成長しないと、成果が出ないということになりますね。もうちょっとはっきり言うと、勝てないということです。

大江　野口さんが今のこのポジションにいるのは、ずっと成長し続けたからですよね。成長し続けて、人類の成長の頂点にいる人が「成長っていいことなの？」と言うと「あれ？」って思ってしまいます。

野口　確かに、見方を変えればずるいと思われることもあるかもしれませんね。

大江　野口さんがこれまで成長してきてそう思われるのなら、きっと一理あるのだろうとは思います。ただ、成長しなくていいよねとなったらもうそこで終わっちゃうんじゃないかなと思っているのも確かです。野口さんが訓練の途中で「もういいや。成長は面倒くさいからロシア語の習得はやめておこう」となっていたら、ソユーズには乗れていませんよね。しかも、それは評価がもらいたくて準備をしたのではなくて、ソユーズに乗りたいから準備をしたのだと思うんです。

野口　確かにそうですね。

大江　成長というのは、評価のためにしたいというより、自分でそこにたどり着きたいと思うからしたいという部分が大きいのではないでしょうか。勝利とか興奮とか陶酔感とか、ご褒美とか評価とかのためだけに成長があるわけではない気がします。

野口　はい。僕もおそらく、そこが最終的な落としどころかなと思っています。外にある評価を満たすための成長には終わりがない。勝利の興奮や喜びはあるけれども、終わりがないんです。けれども評価軸が自分にあれば、これをすることで自分の可能性が広がる、自己実現につながると思えるようになる。評価軸が自分の中にあるものに関しては、いい緊張感なんだと思うんですよ。

大江　なるほど。そういう違いですね。

野口　プレッシャーや緊張感で追い込んで、成長して何かを得るという時の評価軸が、自分の外にあるか内にあるかの違いかなと思うんです。外面的というと、たとえばお金であり、出世であり、戦いです。その評価軸を気にしている限りは、成長はやがて目的になってしまう。評価軸が自分の中にある、つまり、幸せになりたいという方向か、自分が自分らしくいたいという方向であればいいプレッシャーになります。

ロシア語を勉強してロシア語を話せる自分になりたいとか、宇宙に行くことで自分が満たされるということであれば、落としどころがある、到達点があるわけです。結局、成長することが大事、そのためにはプレッシャーが必要、プレッシャーがなければ成長しないと考えていると、本質的に得るものがないということになるんですね。

たとえば、いつまでも若手社員が使い物にならないと困るので、ある程度の負荷を与えることで早く一本立ちしてほしいと思ったとします。これは会社としては利益の追求なので評価軸は外側ですが、その人が成長することでチームがうまく回る、チームとしての完成度が高くなる、それで幸せな組織になると考えれば、いいプレッシャーなのかもしれないですね。

大江　では、先ほどの「成長っていいことなの？」という問題の結論は、野口さんの中ではどうなのでしょう。

野口　成長は、手段であって目的ではないということに尽きます。目的はおそらく、自己実現か、自分が幸せでいられるということですね。そのために成長しなくてはいけないというのは、百歩譲ってあると思います。けれどもそれはあくまで手段であって、成長すること自体が目的ではない。成長した先に得られる自己実現や幸福感という本来の目的が見失われてしまうと、どんどんスキルアップして、プレッシャーをかけてもメンタルはボロボロみたいな状態になる。そうすると、そもそも何のためにこれをやってたんだっけということにならないかなと思っています。それが一つです。

あともう一つの側面はというと、この「プレッシャーをかけて成長を促進する」という考えは、戦後の高度成長期を支えていたのではないかということです。日本は、戦後の混乱から立ち直って成長しなくてはなりませんでした。そのためにはプレッシャーをどんどんかけて、全社員がモーレツ社員となって働くことが必要という事情があったのではないでしょうか。利益はどんどん上がるので達成感もありますし、組織が一丸となって邁進《まいしん》することで帰属意識も満たされる。組織としての成長のためにはある程度の落伍者がいても仕方がないということだったと思います。

一方で、それだけ過度のプレッシャーを与えると、いわゆるガス抜きのようなものも必要になってくるわけですよね。猛烈に働くことで疲れ切った体や心を回復させるプロセスがあって、それがみんなで飲みに行くとか、たばこで一服するとかいうものだったわけです。猛烈なノルマで部下をこき使いながら、「飲みニュケーション」でガス抜きしつつ懐柔するというのが昭和世代の典型的な上司の姿だったのでしょう。

会社組織だけでなく、スポーツ部活動にもそのような勝利至上主義、プレッシャーをかけて選手を鍛えることを美徳とする考えがあったと思います。甲子園などの大舞台で優勝するために猛烈なしごきをして鍛え抜けば、集団としては強くなるけれど内部にはいびつなヒエラルキーができてしまって、上級生が下級生に向けてガス抜きをするというような悪い意味での体育会的体質があったことは否定できないと思います。成功や成長への過度なプレッシャーはそのようないびつな組織内序列や理不尽なガス抜きを生むのですが、今はそれが許されない時代になってきている。もっと言えば、社会としての不寛容性が非常に高くなっているので、かつては隠蔽《いんぺい》されていたチーム内のいじめや監督のパワハラなども一発アウトな社会になりつつあります。

これは学生スポーツだけの問題ではありません。パワハラ、飲酒、喫煙、ギャンブルといった、トップアスリートの不祥事にもつながると思います。トップアスリートとして品位を保たなくてはならないとか、エースにふさわしい振る舞いをしなくてはというプレッシャーが強すぎて自分を追い込んでいた部分があるとしたら、やはり気の毒だなと思います。

さまざまな不祥事を擁護するつもりはまったくありませんが、そこまで追い込んでプレッシャーをかけて、ぎりぎりのところでメンタルを壊さないための、その人なりの逃げ方がそういうものだったとしたら、ガス抜きをしないと耐えられないほどのプレッシャーって何なんだろうと思うわけです。

僕自身はたばこを吸わないのであまり気になりませんが、たばこ好きな人は一服することでプレッシャーや緊張を解いて精神の安定を得ていたのに、今、簡単には吸えなくなっていますね。過度のプレッシャーを成り立たせていたガス抜きというのが、今のこの社会の不寛容性によってできにくくなっています。そして、そもそも存在すべきでなかったガス抜きに関してはどんどん排除されているので、それはつらいかもしれないとは思います。

大江　ところで、野口さんのガス抜き法は何だったんですか。

野口　僕はお酒が好きなので、お酒を飲むとか、最近はあまりしていませんがカラオケとかでしょうか。

大江　カラオケですか。野口さんの十八番は何なんでしょう。

野口　そうですね、サザンオールスターズとかよく歌いましたね。

大江　野口さんは茅ヶ崎のご出身でいらっしゃるので、茅ヶ崎つながりということですね。

子どもも大人も大スターも心が折れるのを恐れている

野口　子どもたちを対象とした講演会でも、中学生くらいから「心が折れないようにするにはどうすればいいですか」とよく聞かれるんです。結局、それくらいの年齢でもプレッシャーや生きづらさに関しての対処法を求めているんですね。

年長者の知恵としては、何かしらあるわけです。たとえばお酒を飲んで寝ればなんとかなるよとか、サウナでととのえばすっきりするよとか。けれども、それは代償行為に過ぎない。それでバランスがうまく保たれているなら悪くないのですが、強引にバランスをとってでもプレッシャーをかけて成長しなくてはならないものなのかなという素朴な疑問があります。僕がそういうことをしなくていい年齢になってきたからかもしれないのですが、若手社員に対しては、そんなにつらいんだったら辞めればって言いたくなっちゃうんです。

大江　そう言ったとすると、若手社員は会社に残るでしょうか。

野口　残らない可能性はありますよね。持続可能な方法ではないかもしれません。

大江　そうなんです。先ほどの議論を蒸し返すようですが、結局スキルを習得していく時には、何らかの負荷がかかるのが当然だという気がするんです。

野口　程よい緊張感と程よい学びは、やはり痛みを伴うものなので、その痛みを越えていかないと成長はありません。とくに僕たちの世代はそう言われて育ってきているのでよくよくわかるし、そうしないとダメでしょと言いたくなるのもよくわかります。でも、どうなのでしょうか。

たとえばアスリートは、プレッシャーを乗り越えるものだという考えがあります。猛練習を乗り越え、試合前のプレッシャーに打ち勝ち、周りからの過度の期待に応えてこそ一流選手だというのがずっと当たり前だと言われてきましたが、最近は、そのつらさをアスリートも表に出すようになりましたね。

メンタルの問題で休養しますというスポーツ選手の話も、最近はよく聞くようになりましたよね。オリンピックで活躍するようなトップアスリートやプロのスター選手でも、大きな大会の後で精神面の問題で休養することが珍しくなくなっています。

メンタルヘルス全体に対する社会認知度が上がってきているので、このままいくとダメかもと思った時に立ち止まれる社会になっているのは確かですね。それは決して悪いことではありません。それを超えると過労自殺みたいことが問題になりますが、そうなるより、その手前でもうやめたと言えるほうがよっぽどいい社会だとは思います。

大江　そうですね。だから、今、後進の指導が難しいのですね。

野口　それは、難しいですよ。

大江　「きついんだったら休んでいいよ」と言っていたら、いつまで経ってもその人が一人前になってくれない。それはそれで、お互い苦しいことになります。

野口　それで悩んでいる管理職はものすごく多いと思います。というか、誰もがみんな悩んでいるでしょう。

大江　そうですよね。ただ甘いだけというのも何か違う気がするんです。

野口　確かに、ただ甘いだけの会社は嫌だ、という声も多いわけです。スキルアップさせてくれないような甘い会社は嫌だと逆に言ったりするから、どっちなんだと言いたくなりますよね。

大江　はい。本当に、どちらなんでしょう。私自身は、スキルアップのための適度な負荷というのは必要じゃないかと思うんです。ただ、負荷をかける時にサポートをしてあげられる半径5メートルの信頼関係があれば、その負荷というのが過度ではなくなるのではないかと思います。適度な負荷を積み重ねていくと、次の世界が見えてくるような気がして、それがうまくできるといいなと思っています。

私は、2016年頃からずっと日銀総裁会見に出席し続けています。日銀記者クラブは経済記者の中でも猛者《もさ》のような人ばかりがいるところで、その中にひょっこり行って質問するのは死ぬほど恐ろしくて毎回ものすごく勉強していくわけですが、それが私にとってはかなりの負荷なんです。その負荷がなければ、人ごとだと思っていたかもしれません。

けれどもその瞬間、当事者になって、総裁に何を聞こうか、あの百戦錬磨の経済記者の中で何を質問しようかと考えると、ものすごくお尻に火がついて勉強しようという気になる。そのおかげで、自分の中に蓄積ができる気がするんです。これがプレッシャーではないかというと、相当なプレッシャーです。他の人に渡してしまえばプレッシャーはなくなるかもしれませんが、私の中の蓄積はほぼゼロになってしまいます。怖いけれども、私にとってはあの場があったほうがいいと思うんです。

野口　結局、大江さんは自己実現のためのプレッシャーというところにうまくつなげることができて、それを続けてきたと思うんです。

大江　そうですかね。後はもう、何かあったらなんとかするからと言ってくれる周りの人がいてくれるかどうかというところです。

野口　以前、大江さんとお仕事をご一緒していた頃、取材ノートをびっしりと、ものすごく細かく書き込まれていたのを覚えています。それぐらい確かな準備があってこそ本番でのスタジオ回しになると思うのですが、実際にはそこまでしなくても、台本さえあってそのとおりに話をしていれば仕事としては流れていくものだと思います。けれども、それだけの準備をして、本番に臨むプレッシャーを学びに変えてきたからこそ今の大江さんがある。常により高いレベルを実現されているのだなと感心したのを覚えています。

大江　ありがとうございます。野口さんにそう言っていただけるのは嬉しいですね。

野口　実際、今の大人たちはそのようなプレッシャーを成長の糧として、克服して、クリアしながらレベルをどんどん上げて今に至っているので、それが大事だと思っているんです。僕も本当はそう思っています。他者との競争や自分との競争をくぐり抜けたからこそ到達できるステージというのがあるのはわかっています。けれども、それだけが善ではないというのが、おそらく今の時代の共通認識なのだと思います。

受験勉強や出世競争、あるいは自分のスキルアップみたいなところで、これまでは見ないようにしていた負の側面というのを少なくとも意識しないといけない。そういう意味では、かじ取りの問題ではないかと思います。

現在は極端にメンタルヘルスの問題が大きいので、できるだけプレッシャーから離れるほうがいいとされていますが、自己実現のために必要な成長、必要なプレッシャーというのは多分あるんです。だから、自分がなりたい自分になるためのプレッシャーはきっと善なのだろうと思います。それがないとなりたい自分になれなくて、そうすると幸せにもなれない。

大江　そうですね。あと、打たれ強い、打たれ弱いという言葉がありますよね。打たれ強い人のほうが生き延びるには便利かもしれないのですが、打たれ強くなっておいたほうがいいのでしょうか。それとも、もう打たれ弱い自分も認めるみたいな世界になっていくのでしょうか。

野口　たとえば持久力でいうと、全員がマラソンで１００キロ走れるわけではありません。僕も長距離走は苦手なので、おそらく３００メートルぐらいで棄権してしまうでしょう。それは個性だと思うんです。

１００キロを普通に走れる人もいれば、１００メートルでリタイアしちゃう人もいるし、いけると思っていたのに50キロでダウンしてしまう人もいる。許容量は人それぞれだと思います。かつては、それが精神論でクリアできるかのような固定観念があって、全員が同じレベル、いわゆる打たれ強さを求められていたのではないでしょうか。

打たれ強さが慣れと訓練で増えるものであるかのように思われていたのも、ミスだと思います。打たれ強い人と打たれ弱い人は、間違いなく存在します。これは間違いないですよね。１００キロ走れる人と走れない人がいるのとまったく同じで当然のことなんですが、あたかも鍛えればみんな打たれ強くなれるような錯覚に陥っていたのは、これから変えていかなくてはならない部分だと思います。

もちろん、経験を重ねて打たれ弱い我々が打たれ強くなっていくということはあります。我々は繰り返し与えられる刺激には徐々に慣れていくものなので、いい面での勝利の刺激であっても同じレベルが続くとだんだん感じなくなってくるというのと同様に、一定レベルで打たれ続ければ慣れてくることはあるでしょう。それを成長と呼ぶのであれば、成長なのかもしれないですが。そして、短期間で打たれ強さを増強するすべや訓練法はないのかと聞かれることも多いのですが、それはないんじゃないかなと思います。

大江　そうですか。

野口　そして先ほどの話と少し重なりますが、大切なのはそれぞれの人に応じたガス抜き法、リラックス法みたいなものです。サウナでととのえば気分がよくなるというのは立派なガス抜き法だし、一杯飲んで寝ればつらいことが忘れられるというのもそう。ひとりカラオケで3時間歌えばすっきりするのもありだと思います。それが合法である限り止める必要はないので、プレッシャーやメンタルの疲れに対して自分なりに折り合いをつける方法を見つけるのが、現実問題としてはものすごく大事ですね。

僕は宇宙飛行士になってすぐアメリカに行って、NASAで宇宙飛行士候補者（Astronaut Candidate）、通称アスカンという訓練生になったんですが、その時の直属の先輩が若田光一さんでした。アスカンという立場はスケジュール的にも、知識的にもかなり厳しく、まさしくプレッシャーの連続なんです。

そんな僕を見て、「野口さん、これから大変ですよね」と若田さんが話してくれたんです。

「僕も最初の半年間は毎日ものすごく大変で、NASAからの帰り道、車の中でずっと『はとぽっぽ』を歌いながら帰っていたんですよ」と言ってくれて、あ、若田さんみたいなすごい宇宙飛行士でも、最初は苦しんでいたんだと思いました。当時、若田さんは独身だったので、「毎日同じ中華料理屋に寄って同じレバニラ炒めを食べて帰っていました」とも話されていて。

大江　毎日同じものを食べるというルーティンで心をととのえていたのでしょうか。

野口　そういうルーティンで逃げるというのもありだなと思いますね。だからこそ、仕事の帰りに赤ちょうちんで一杯というのも、健康にはよくないかもしれないんですが、心のリセット法という意味ではありなんだと思います。

失恋自殺が起こる優しくて美しい環境

大江　最近、こんな話を聞きました。ニュージーランドという国は、暮らすのにとてもいい環境なんだそうです。自然も豊かで、子育てをするにも最高なのだとか。

野口　人も優しくて、のんびりしているイメージがあります。老後の移住先としても人気ですね。

大江　ただ、そこで育った子どもたちが、最近、失恋で自殺をしてしまうケースがあるのだそうです。

野口　なるほど。失恋があり得ないほどの喪失感になるのでしょうか。

大江　そうなんです。痛みという経験がない。さらに、自分を否定される経験がない。やはり、それはそれで問題だという気がするんです。

野口　つまり、人間としてあまりにひ弱だということになりますね。

大江　あまりにもきれいな水の中に棲《す》みすぎている感じがします。ずっとニュージーランドで暮らすならいいのかもしれませんが、世界は広いので、他のいろいろなところに住む可能性もあるわけですよね。結局、人間界も弱肉強食の世界です。その中にあって、きれいごとだけで生きていけるのだろうかという疑問が、ずっと私の根本にあります。

野口　それは困りますね。失恋自殺というのは、とてもさみしい結末に思えます。

大江　でも、それだけ傷つくという経験がないということなんです。

野口　自己否定された経験がないと、ちょっとしたことでもろくなってしまう。

大江　ある程度、怒られる、叱られる、自己否定されるという経験がないと、それに対する耐性がものすごく下がってしまう気がします。これはまた、堂々巡りになるのかもしれないのですが。

野口　そうですよね。人が生きていく上でいろいろなものに対する耐性は必要です。完全なホワイトルーム、つまり無菌状態ではいられないわけですから。

大江　はい。社会に出れば、絶対、嫌な人には会いますし。

野口　どうあがいたところで否定されることもあります。どう頑張っても好きになってもらえない相手、どんなふうに接しても否定される相手というのもいる。

大江　とくにネット社会では、きつい言葉を投げつけてくる人もいるわけで、実生活や現実社会で傷つかない生活を送っている中で、突然、自分に鋭い言葉を向けられた時に、果たしてそれに耐えられるかというと、やはり相当耐えがたいものがあるだろうなと思います。いろいろなものがあべこべな気がするんです。表向きには世界は優しくなっているのに、ネットを開くとものすごく厳しい言葉が並んでいるというように。

野口　なるほど。面白いというか、深いですね。

たとえば、新入社員が会社に入ってすぐ辞めてしまうという話の裏には、育ってきた環境があるのかもしれません。結局、大学時代まで含めて、今、あまり競争競争とは言われなくなっていますし、ゆとり教育もあって自分を尊重してもらいながら生きてきたのでしょう。就職活動時も、今どきの企業の採用担当は優しいですよね。いろいろなことに配慮して、君のスキルを生かそうと言ってくれる。

大江　昔は圧迫面接とかありましたけれど、今やもうご法度《はっと》ですからね。

野口　みなさんのニーズに合わせますよという感じで進んできて、めでたく会社に入ったとします。でも、現実の職場はそんなものではありません。職場に入って、そこで初めて自分が尊重されない、守られない、いわれなき批判を受けるという経験をするかもしれません。それがまさしく社会というものですね。そこで一気にくじけてしまうということもあるのでしょう。

本当は、高校時代や大学時代で、あるいはアルバイトで経験しておきたかった社会の現実を、会社に入った最初の１カ月に初めて知るとしたら、そこで心が折れてしまうということもあるかもしれません。

大江　最近、人間関係がすごく都会的になっているように感じます。コントローラブルなものだという前提で、話が進んでいる感じがするんですね。私は田舎生まれ田舎育ちなので、突然恐ろしい台風が襲ってきたりするように、自然というものがまったく思いどおりにいかなくて、容赦ないものだと痛感しています。そんな中でもどうにか耐えて生きていかなければならないのですが、そうした理不尽を感じる場が最近は減ってきていて、人間関係も理不尽がない、自然のような猛威、圧倒的な脅威がない、コントロールされた人間関係にしようとしているのではないかという気がします。でも、人間の本質ってそういうものではないんじゃないかと思うんです。

たとえば、まさか21世紀になって世界中でこんなに戦争をしているなんて思いませんでした。けれども、戦争をやめられないのが人間の本質であるならば、やはりプレッシャーは避けられるものなら避けましょうというのが理想ではあっても、本質ではないような気がしてしまうんです。

野口　確かに、そうかもしれないですね。

大江　はい。私、今、野口さんに挑むような、ものすごくチャレンジングなことを言っている自覚があります。みんなが感じている理不尽さをなるべく排除できればいいですけれども、どうしようもないものがあると思うんです。

野口　とかくこの世はどうしようもなく理不尽な社会ですから、それに対する耐性、心構えは持っておこうということですね。

古《いにしえ》の知恵に学ぶストレスの解消法

大江　人間は業《ごう》の塊であって、その人間の集まりが社会であるわけですから、嫌なことがいっぱいあるのが前提という気がするんです。そんな中でなるべく心穏やかに生きていくためにはどうすればよいのかということを、私は日々探していますね。先日、目白にある細川家の永青《えいせい》文庫に行った時に面白い話を知りました。

野口　細川家というと、旧熊本藩の細川家、元首相の細川護熙《もりひろ》さんの家ですね。

大江　細川護熙さんのおじいさまに当たる方が、子どもの頃、病弱だったそうです。ところが、お友達に教えてもらった白隠禅師《はくいんぜんじ》の『夜船閑話《やせんかんな》』という本を読んだら治ってしまったのだとか。白隠の時代、禅の修行があまりにも厳しいため、今で言うところの自律神経失調症になって参ってしまう人が多かったらしいんです。「禅病」と呼ばれたそうなのですが、きつすぎて本当に心が折れる。そういう時に乗り越える方法が、その『夜船閑話』に書かれています。

野口　そうなんですか。それは知らなかった。面白いですね。

大江　きっと今でも役に立ちそうだなと思って、忙しくて体がボロボロになっている時に読んでみたら面白くて、なるほどと感心したんです。ぜひ読んでみてください。

たとえば軟酥《なんそ》の法というのがあります。これは頭の上にバターをのせて、そのバターが溶けて体を伝ってくるような感じをイメージして精神を落ち着けるという方法です。

野口　面白いですね。それ、大江さんは実践してみたのでしょうか。

大江　実際にきつかった時にやってみました。なるほど、これかとか思いながら。だから、この生きづらさみたいなものとの戦いというのを、人間は昔からずっとやってきているんですね。

野口　禅の修行といえば、かなり困難なものでしょうね。

大江　とんでもなく理不尽で、厳しいものだと思います。

野口　そうすると、この本は偉い僧の教えではありますが、一方で、生活の知恵だったのかもしれませんね。修行のつらさ、厳しさがまさしくプレッシャー、それも過度なプレッシャーであって、メンタルがやられる寸前まで追い込むことで新しい世界を開いて、自己実現していくということなのでしょう。ものすごい世界だと思います。

大江　そうなんです。そういう時の心持ちのあり方みたいなものを、昔の人も探ってきたんだなと思います。

半径0・5メートル空間の社交術

大江　私の場合は、なぜ体力的に負荷があっても続けてきたかを考えると、やはりそれによってできる経験、得るものがあったからだと思います。ニュースを作ることに携わるというのが私にとっての夢だったので、そのためには難しいことも乗り越えなければという気持ちがあったのだと思います。そうしてその場にいることができて、いろいろな現場にも行くことができました。体への負荷と得るものが自分の中で釣り合っていたのかもしれませんね。

だから、頑張っても頑張りがいがある、やりがいがあるといううちはいいのですが、それがかみ合わなくなってきて、得るもののバリューが下がったように感じると続けられないという気持ちが湧いてくるのではないかと思います。

最近、早めに会社を辞めてしまう人が多い理由として、それだけのバリューを職場として提供できていたのかどうかということもあるのではないかと思います。負荷をかけないだけではなく、ここにいると成長できる、それが楽しいなという感覚が必要なのではないでしょうか。ときめきではないですが、ここにいたいと思わせる何かがあるかどうかだと思います。

野口　最近、燃え尽きに関しては心が折れやすい時代の「弱さの情報公開」が重要ではないかということをよく考えています。

今、自分が弱っているということをちゃんと外に出せること、つまりこのままでは続けられない、サステナブルではないという時に、その弱さを自分から情報公開してもいいと思えるかどうかはかなり大事なのではないかなと感じます。大江さんの場合、ぎりぎりのところで、これはもうサステナブルではありませんという意思表示をされました。それはすごく大事で、素晴らしいことですね。

　負荷とバリューについても確かにそうかもしれないと感じます。宇宙飛行の場合には、達成することに対するバリューは疑いようがないわけですが、宇宙飛行士もストレスがないわけではなくて、とくに人間関係はなかなか大きな問題です。何しろ、宇宙船の中はものすごく狭い。よく、半径５メートルの人間関係で職場の価値が決まるといいますが、我々の場合には、さらに半径０・５メートルぐらいの人間関係です。

大江　ソユーズの中もぎゅうぎゅう詰めでしたものね。

野口　そうです。「おじさん詰め合わせ」みたいな形で行くんです。

大江　15年前、ヒューストンで初めて打ち上げ前のソユーズを見た時に、内部が思いのほか狭くて本当にびっくりしました。この中に宇宙飛行士の方々がぎゅうぎゅう詰めになって宇宙まで行くんだと感じて親近感を覚えたことも、宇宙に興味を持ったきっかけの一つだったんです。

野口　だから、クルーの人間関係で満足できる仕事ができるかどうかが決まります。アウトプットはもう疑いようがなく正しく出ることがわかっていますが、そこに至る環境が合っているかどうかがとても大切なのです。

大江　クルーの人間関係というと、宇宙空間ではどのようなことが起きているのでしょう。

野口　もちろん、宇宙に行く前はうまくやっていける人同士になるように検討します。どうしても合わない人というのはいるもので、そこが鉢合わせしないようにしますが、それでもやはりトラブルはあります。とても気が合う同士、仲良くやっていても、長い共同生活の中では意外な面が出てきたりするもので、「え、お前、こんなこと言うんだ」というような違和感をお互いに持つことはあります。そこをうまくやりすごせるかどうかというのは大事ですね。そこを残してしまうとしこりになる可能性がありますので。

大江　そこでしこりになってしまったら、残りの生活はもちろん、ミッション自体にも影響が出てきますよね。何かしこりを残さないための工夫があったのでしょうか。

野口　しこりにしないためには、そこを逆に顕在化させてしまうんです。つまり、腹が立ったとしたら何に腹を立てているかを口に出して体で示します。それをしないと、とくに僕たちはやっていけません。

日本人は、だいたい仲間内の不和、不協和音を見せたくないし、見たくないし、ふたをしたいと考えます。もちろん僕にもそういうところがあって、人が争っているところは見たくない。自分が相手に不満を持っているということも見せたくない。でも、そうしてしまうとしこりになって解消しなくなってしまう。だから、そこをあえて出していくんです。

大江　それは「こういうところが嫌だった」というのをはっきり言って、態度で見せるということでしょうか。

野口　そうです。結構強く言わないと通じないということもあって、なかなか勇気がいります。

大江　勇気がいりますよね。それ、何回か言ったことはありますか。

野口　言ったこともありますし、言われたこともあります。たとえば、ISSでは週1回掃除の時間があるんですが、その掃除の仕方が悪いって怒られたこともあります。当然、「え!?」という感じになって、一瞬緊張が走る。けれども、誰かが小さな不満を持った時、それをすぐに言わないとしこりが残り続けることがお互いわかっているんです。幸い、我々の場合には大きな問題にはなりませんでしたが、そういう不和がずっと尾を引くと肝心なところで大問題になる可能性があります。

仲間内で、ものすごく仲がよくてウマが合う最高のバディ（相棒）だと思われていた二人が、ある時誰もいないところで殴り合いのケンカを始めたこともありました。とても驚きましたが、やはりそれをしないとしこりになってしまう。解決しないまま放っておくのは、信頼を失うということになるんですね。

大江　何があっても、乗っている間は運命共同体で、一緒にいて生きて帰らなくてはならないからそういうことになるんですね。

野口　そうです。地上のようにちょっと離れて頭を冷やすということもできないので、その場でなんとかしないと、という気持ちが強いんです。

一筋縄ではいかない多様性が集団を強くする

大江　もっとたくさん人がいて、しかもそこまで濃密ではなかったりすると、心のシャッターをガラガラと下ろして、もうおしまいとしてしまうこともあります。私にもいくつかそんな経験があります。でも、それってもったいないことですよね。人間関係を一つ消し去ってしまうのですから。

野口　ここで多様性の話をしますと、結局、均一なチーム、つまりみんな同じようなことを考えて同じような経歴で同じように反応する人だったら、そもそもそういういざこざが起きにくいですよね。一を聞いて十を知るというように、みんなで一斉に同じ方向を向いていれば間違いなく楽は楽です。

繰り返しますが、僕たちは本当に集団の中の不和を見たくないので、そういう相違がない集団のほうが楽に決まっています。今、多様性についていろいわれていますが、一番の問題点は、多様であれば内部のいざこざ、混乱する場面が必ず起きるというところにあります。

大江　そうですね。違うわけですから、ぶつかるのが当然です。

野口　最初から合っているはずがないという前提ですが、その段階で止まってしまうこともあります。多様性が大事だということでその試みをトップダウンで始める組織も多いのですが、いざ始めてみると予想外のいざこざが起きる。

すると、まさしく大江さんがおっしゃったとおり、いや、もういいわとなって、対人関係のシャッターを下ろして先に進まなくなります。

その場はうまく流せたとしても、結局、それぞれがバラバラに存在することになると多様性の意味はありません。そこで、何かの命題や目標に対してそれぞれの人が思う、それぞれに違った思いをちゃんとぶつけ合って、着地点を一個一個探していくというプロセスが最初は必要です。そういう過程がないと多様性の意味はないし、多様性疲れが起きます。ＤＥＩ

(Diversity, Equity & Inclusion ＝多様性、公平性、包括性）疲れが問題になっているのはそんな理由からでしょう。

大江　本来、多様性を持ちましょうというのは、上から言われてやるものではないと思うんです。その組織が強くあるためにやるべきことが多様性ですから。こちらが弱ってもあちらが別のところで強みを発揮できるという、ある意味、究極のＢＣＰ（事業継続計画）体制みたいなものが多様性の理想だと思います。そこに至るまでに、いろいろな人を取り揃えました、だけで終わっていてはいけないということなんですね。

いろいろな人を取り揃えると、ものすごく中身がシャッフルされて、争いも起こります。でも、それによってまた別の組織に変身できるのではないかというのが多様性に期待されるものだと思います。それなのに、いろいろな人がみんな仲良くできるといいねというので終わっていると結局わかり合えていないし、組織もあまり変わっていないということになりそうです。

野口　そうなんです。本来、みんなが活発に意見を交わすのがいいはずなのですが。

大江　みんながそれぞれにワーワー言って、野口さんが経験されたように、これ、おかしいんじゃないかというケンカがいろいろなところで勃発したほうが、本来いいはずですね。組織にそれだけの胆力があるかどうかも試されているのかもしれません。

野口　結局、今のところ、上から降ってきて渋々やっているというのが多いので、どうしてもそういう展開になってしまうのだと思います。けれども最終的には、大江さんがおっしゃった究極のBCP体制ということでしょうね。

ずっと同じ市場、ずっと同じ環境、政治体制であれば、別に多様性などいらないわけです。けれども、今、市場の変化などがとても激しい時代、先が読めなくて不明瞭という時代に対応していかなければいけない中でどうするかというのが、そもそもの目的としてあるはずです。変化が激しい時代に、自分たちの組織が持続可能であるか、強靱《きょうじん》であるかということが求められますが、DEI、多様性を備えることで強靱な組織になれるわけです。いろいろな方向からの横やりに対して、誰かが対応してくれるというのが理想です。

DEIのEはエクイティ、公平性ですが、誰かの意見だけが通るとか、一部のマイノリティの人の意見は常に無視されているということになると、いつまで経ってもいわゆるエンゲージメント、つまりモチベーションのようなものが上がってきません。メンバー一人一人に関わろうという気持ちが起きないので、結局はみんなやる気がどんどん落ちて、黙ったままになってしまいます。

そしてDEIのI、つまりインクルージョン、包括性も大切です。みんなが出した意見をリーダーがきちんと受容してくれれば、全体に必要な目が行き渡った状態になります。これが、いわゆるガバナンスが利く、つまり統制が取れている状態です。

ですから、DEIというのは組織として強靱で、みんながちゃんとエンゲージして、やる気を出し、組織としての透明性が高く、ガバナンスが利くというのが目標です。そのために多様性が必要となっているはずですが、それがないとどうしても表面的になってしまいます。

大江さんがおっしゃったように、違う色のタイルだけ揃えても美しい絵にはなりません。今、いろいろな企業の方や研究所の方とお話ししているのですが、そこがみなさん、苦労されているところです。

振り返ってみると、日本の社会や組織は成果第一の高度成長期や平成の「失われた30年」を通じて、組織の一体感を大事にするあまり多様性を軽んじてきた。変動が激しく、不確実で複雑で曖昧《あいまい》な時代を迎えて、組織も急ピッチで変革しないといけないという意識は明確にありますね。

みんなが似た人ばかりで社会がよくなるのなら、それは絶対に均質であるほうがいいに決まっています。今は、外の市場がどんどん変わるし、一方で求められているのは平均点が上がることではなくて、どんな状況にも誰かが対応するという、緊急対応であったりするわけです。そして、平均点は低いけれどある部分が突出して伸びる人がブレークスルーしてくれたりするわけです。ですから、そういうことが求められる社会は、多様性そのものなんだということをみんなが理解していくことで、徐々に広がっていくのかなとは感じています。

日本人の中に多様性はあるのか

大江　私は「エンジン01（ゼロワン）」という、文化人ボランティア集団に所属しているのですが、そこには本当にいろいろな方がいらっしゃるんです。

野口　それは、秘密結社みたいな……。

大江　いえいえ、秘密結社ではないですよ。いろいろな文化人の方がいらして、私もその人たちを見に行っている感じなのですが、とにかく個性的な人しかいなくて面白いんですよ。

その中に千葉工業大学学長の伊藤穰一さんがいらして、「世界中にいろいろな変な人がいるけれど、その中でも日本人の変な人が一番変なんだよね」とおっしゃるんです。伊藤さんによれば、「しかも、日本人はみんな変な人に優しいよね」と。それを聞いて、あ、それってとてもいいことだなと思いました。意外と、日本人の中で突き抜けている人というのは、この人、変だよねというのですんでしまうのかもしれません。

野口　この人変だよね、で放っておいてもらえるということなのでしょうか。

大江　変な人に対しての包摂性みたいなものが、日本にはあるのではないかと、その時思ったんです。近寄らないでと言われることなく、「この人、変だよね」で一目置かれている人が、エンジン01の中にはたくさんいるんです。しかも、世界の中でも特に変な人らしい。伊藤さんは「社会から排除されないからこそ、日本の変な人というのは突き抜けられるんだと思う」ともおっしゃっていました。変を極められる環境があるから、個性を矯正されずに生きていられる人が多いのかもしれません。

野口　なるほど。日本人は均質であることを好むから、変な人に対して寛容ではないだろうと思ってしまいがちですが、そうでもないのかもしれませんね。

大江　ええ。そうであれば日本も悪くないなと思いました。

野口　そういう人たちが、一味違った観点を持ってブレークスルーしていくのでしょうね。日本人にはノーベル賞の受賞者も多いし、イグノーベル賞の受賞者も多いですよね。「変な人」はもしかしたら、未来につながる希望かもしれません。

大江　そう思います。ですから、意外と日本にはＤＥＩがちゃんと存在しているのかもしれません。

野口　逆に、これだけ他が均質化しているからこそ、そのようにごくごく少ない飛び抜けた人というのは守ってもらえるのかもしれないですね。

第3章

半径5メートルの景色が心の風向きを変える

2020年、アメリカ人以外で初めてスペースX社が開発した新型宇宙船「クルードラゴン」に搭乗。2020年11月から2021年5月までの5カ月半、ISSに長期滞在し、3回目の宇宙滞在を実現した野口さんですが、その前に大きな心の転換期を迎えていました。

野口さんはその状態を「燃え尽き」と表現しますが、そこに至るまでにはさまざまな要因があったのではないかと大江さんは考えます。

いったい、どんな状況にあったのか。何がストレスになっていたのか。そしてその危機的状況からいかにして立ち直って、3回目のフライトへ向けて心を奮い立たせることができたのか。

自分の心の弱さを克服したいと感じた時、何がきっかけになるのか、誰もが知りたいと願う心情の変化について、大江さんが鋭く迫ります。

何に絶望して燃え尽き状態に陥ったのか

大江　野口さんの燃え尽き症候群の話に戻りますが、3回目のフライトの前から燃え尽き状態が始まっていたというのは、とても意外でした。

その後、3回目のフライト時にクルードラゴンの運用1号機に乗って、そしてまた無事にミッションを終えて帰ってこられたわけですが、宇宙飛行士人生の中で、一番燃え尽きたタイミングというのはどこだったのでしょうか。

野口　引退会見の際には大江さんにも来ていただいたのですが、引退するのは3回のフライトが終わって、やり尽くしたからだろうと捉えている方が多いのだろうなという感触はありました。けれど、僕の中では2回目から帰ってきて3回目を目指すまでの間に行き詰まりがあって、燃え尽きた感覚があったんです。

大江　3回目の前というと、ちょうど対談本などで一緒にお仕事をさせていただいていた時期の直後くらいですね。

野口　そうですね。大江さんはニューヨークに行き、僕は日本に帰ってきて、大江さんがキャスターとしてどんどん伸びている時期、僕はわりとJAXAがあるつくばで悶々としていたんです。次、またフライトしたいけれど、なかなか機会が巡ってこない。新型ができると言われているけれど、全然できそうな気配もない。一方で、周りはどんどん先に行っちゃうというのが一番つらかった。それを僕の中では「燃え尽き」という言葉で表現していたつもりでした。

けれども確かに、3回目のフライトでいろいろなミッションをこなして帰ってきたら疲れちゃったというのを燃え尽きとして使われていることが多いような気もします。今、そのギャップに気づいて驚いています。

大江　そうすると、そこから立て直して3回目のフライトにつながったというところが、また、驚異の修正力だと思うんです。何があって燃え尽きの状態になり、そこからどう立ち直ったかについて、ぜひ詳しくお聞かせください。

野口　2回目のフライトの後に燃え尽きのような状態になったことについては、先ほどもお話ししたとおりです。次世代の宇宙船はすごく魅力的ですし、とてもやりがいのある大事なプロジェクトでした。その一方でアメリカの企業頼みだったので、結局、日本でどうこうできるものではなかったんです。

「きぼう」の宇宙実験棟は日本が開発したものだったので我々も関わることができたのです

が、次世代宇宙船はスペースXやボーイングが造っているもので、日本人宇宙飛行士としてできることが何もない。非常に他者頼みな時期でした。

ですから、日本でその時できることをやるしかなかったのですが、デスクワークが半分、訓練が半分という生活だったので、その中でもやもや感が高まってきたんです。

そのもやもやがどこから来たのかと、深く考えてみました。すると、これはおそらく会社員の方にも重なる部分だと思いますが、要は現場が好きな人と管理職になることを受け入れられる人というのがいると思うんです。僕の場合は前者で、現場の緊張感や、訓練でいろいろなところに行くのが好きでした。それなのに2回目のフライトを終えて日本に帰って来るとデスクワークがだんだん増えてきて、それまで自分がやってきた現場中心の時間が変化してしまったんです。

それだけなら、仕事の種類が変わるのも仕方ないということでまだ受け入れられたと思うのですが、ちょうどその頃、直属の上司が交代して職場の雰囲気も大きく変わってしまいました。

新しい上司は経営や企画、戦略を非常に重視する方針だったため、やや現場を軽視する風潮が生まれたんですね。経営課題やＫＰＩ（重要業績評価指標）を重視するようになり、内部稟議《りんぎ》や会議が増え、それまでになかったような社内文書の「てにをは」のチェックまで細かく行われるようになって、現場が目に見えて疲弊してきました。

大江　確かに、上層部が交代して現場の雰囲気が一気に変わってしまうことはよくありますね。

野口　人は、半径5メートルの人間関係で幸せにも不幸にもなるわけです。その上司は経営企画の花形部署にいて監督官庁との調整などをされてきた方だったので、現場の職員にも経営課題をしっかり重視する意識を持たせたいという意向はわかります。それ自体は、組織の人間として受け入れるべきレベルだと思っていました。けれども、何より私も含めて現場が傷ついたことの一つが、「ISSの運用はキャリアの墓場」という発言だったんです。

大江　ISS、つまり国際宇宙ステーションといえば、現場では非常に素晴らしいプロジェクトですよね。ISSに憧れて、宇宙を目指してこられた方がどれだけいらっしゃることか。

野口　はい。現場においてISSの運用に関われるというのはすごく誇りを持てる業務だったので、その言葉にはものすごく驚かされ、同時に自己否定されたようで傷つきました。先人の思いも引き継ぎながら、自分たちが何十年もかけてやってきたことが一瞬にして否定されたような気分になりました。これが、現場軽視の表れだと感じられたんです。

その上司としては、ＪＡＸＡが威信をかけて開発するロケットのように、新しいもの、他の多くの組織とやりとりして作り上げるプロジェクトに取り組もうという意図があったのでしょう。その立場からすると、ＩＳＳのようにもうすでに完成したものの運用は過去のものであると言いたかったのではないかと思います。

たとえば、オフィスビルにあるエレベーターは日本全国至るところにあって、当たり前のように保守専門会社で運用されています。もはや、ＩＳＳの運用もエレベーターの保守みたいな仕事だろうということだったのでしょう。だから、ＪＡＸＡの職員がやらなくてもいい、下請け会社に任せていいんじゃないかという考えだったために少し口が滑って、ＩＳＳの運用はキャリアの墓場だと言ってしまったのかなと想像します。

現場のトップとして、ＩＳＳのフライトディレクターという仕事があります。高い専門性が要求される仕事で、フライトディレクターを目指して頑張っているＪＡＸＡ職員も大勢いたのですが、それがある日突然、もうフライトディレクターはアウトソーシングしようという風潮になりました。要はエレベーターの保守係と一緒で、連絡があったら対応すればいい、下請け会社に任せればいいということですからね。

今になって考えてみれば、ある程度、運用が落ち着いてきたらアウトソーシングを考える

ということがいずれ起こりうるわけですから、そういう提案もわからないではないのですが。

大江　やや時期尚早だったというところでしょうか。しかも突然の方針転換ですから、現場としてはそのような言い方に抵抗もありそうですね。

野口　「ＩＳＳの運用はキャリアの墓場」という話と「フライトディレクターはＪＡＸＡでやる価値がない」という話に現場は激しく混乱しましたし、みんなが疲弊してしまって、これはもうやっていられないなという雰囲気になってしまったんです。必ずしも評価されなくても構わないのですが、これまで懸命に積み上げてきたものをばっさり否定されたくはないという感覚があったんです。

ＪＡＸＡも組織ですから、役員や担当部長が言うことは現場の方針になって、全体としてその方向に流れていくことになります。それに対してももやもやしたり、憤りを覚えたり、このままやっていけるだろうかという感覚が生まれたのが、燃え尽きの一つのきっかけになったのではないかと思います。

大江　そういうことでしたか。本当に、半径5メートルの人間関係で状況は一変するものですね。とくに、一番わかってもらいたいところのポジションにいる人に理解してもらえない、思いが通じないのはもどかしいですよね。

野口　前任者はわかってくれていたのに突然１８０度変わってしまったというのは、ビジネスパーソンが組織に抱く、ありがちな不満の一つではあると思います。もちろんある程度はそういうものを吸収しながら進んでいかないといけないのですが、それまで積み上げてきたものを否定されるような変化が与えられると、現場はもろいなと強く感じました。

大江　その時は野口さんだけではなくて、他の方々ももうやっていられないという感じになっていたんですか。

野口　はい。優秀な人たちがどんどん辞めていくのを目《ま》の当たりにしました。何しろ、フライトディレクターはもうＪＡＸＡ職員のキャリアパスにはないよとなってしまったわけですから。

実際に優秀な人たちが辞めたり、他の部署に移っていったりすると、そこは骨抜きになってしまって本当にこの先大丈夫なのだろうかという雰囲気になります。

先ほど例に挙げたエレベーターのように、すでに完成していて長年実績のあるプロジェクトであればアウトソーシングすればいいのですが。

大江　ＩＳＳではそんなノウハウは確立されていませんし、不測の事態も起こりやすい特殊すぎる場所です。高い専門性が必要で、これはあの人に聞かないとわからないということもあるでしょう。フライトディレクターというのはそれだけ重要な立場であって、みなさんがそこを目指して頑張っているポジションですよね。

野口　そうなんです。我々としては、そこを「顔」にしていきたいわけです。日本が頑張って造った「きぼう」をちゃんと日本人で運用していて、その顔になるのはフライトディレクターだというのが理想だと思っていました。けれども、そういうそれまでの組織文化を一気にひっくり返しにきたわけです。ショック療法という気持ちもあったと思いますし、古い文化にいつまでもしがみついているのをやめさせようともしたのかもしれません。そうは思っても、突然、方針が変わったからといって今までの積み重ねを頭ごなしに否定されたような気になったのは大きなダメージでした。

余談ですが、その後また時代が変わって、その時に他の部署に異動になった職員が、再び有人宇宙活動の中心に戻って、今や担当役員としてバリバリと組織を引っ張っているんです。現場の苦労をよく知る叩き上げの職人、いや職員が経営陣として活躍する。時代は変わるものだと思いますね。

大江　そうでしたか。合わない人がいなくなるまで少し我慢していればまた状況が変わるということもあるわけですが、その数年を我慢しなければいけないのも時間がもったいないですよね。

野口　確かに、何年か経てば変わるかもしれないと思いながらも、この1年、この2年がもったいないよなという思いはありました。宇宙飛行士も給料をもらう会社員と同じ組織の人間なので、上司が代わった時、それまでやってきたことに対する評価が一気に変わってしまったり、積み上げてきたことをがらりと変えなくてはいけなくなったりということがあるんです。

燃え尽きの状態からどう立ち直って宇宙へ向かったのか

大江　宇宙飛行士の方でもそんな悩みを抱えていらっしゃるのかと知ると、意外と我々と近いところがあるなと驚いたり、親近感を覚えたりします。

野口　現場が疲弊するとモチベーションが低下してくるというのは、どこにでも共通するのでしょう。

大江　優秀な人をつなぎとめるためには、担当上司の役割が大きくて、力量が問われるところだという気がしますね。

野口　つまりは、現場のやる気をそぐマネジメントにならないようにするということです。心理学者のマズローが提唱した欲求五段階説というのがありますね。

大江　はい。人間の欲求は五つの段階に分けられるという考え方で、下の階層から「生理的欲求」「安全欲求」「社会的欲求」「承認欲求」「自己実現の欲求」と言われますね。

野口　まず、第一段階に生理的欲求、第二段階に安全欲求という、生存を維持するために必要な欲求があります。第三段階の社会的欲求では、何かしらの集団に所属していたいという思いがあります。その上の第四段階が、承認欲求。我々は社会的動物なので、ここでだいたい止まってしまいます。自分のやったことを認めてほしいということですが、子どもで言えば「お母さん、１００点取ったから褒めて」という思いですね。そしてその上にあるのが自己実現したいという思い。そもそも自分たちはなんでこんなことをしているのだろうか、これを通じて自分が幸福になるにはどうすればいいのだろうかという段階です。

これをやることで自分は自分でいられる、この仕事に誇りを持って、これを続けることで、自分が自分であり続け、自己実現につながるというのが最上位の欲求であって、これが阻害されると非常に苦しくなります。自己実現ができないというのは、極論すると、幸せになる道がなくなるということです。そう考えると、勝ち負け以上に大きな問題であると思います。

大江　今は少し状況が変わってきているのかもしれませんが、日本では、宇宙飛行士としてＪＡＸＡに所属しないと宇宙に行けないという時代がずっと続きましたね。そういった意味では、自己実現が宇宙に行くことで叶えられるものであれば、ＪＡＸＡという組織から離れることで自己実現から離れてしまうということだったのでしょうか。

野口　おっしゃるとおりです。この組織にいないと自分の目標は達成できないのに、この組織にいることで自己実現を否定されるという、相反する考え方の板挟みになってしまうんです。ここで頑張り続けないことには、自分が目指すところに到達できないということになります。

一般的に、組織に属して収入を得ることで自分の家族の幸せを達成しているという考え方があります。つまり、幸せになるためには収入が必要で、会社にいなくてはなりません。けれども、会社でパワハラ、モラハラの環境にいると、自分という存在がどんどん削られてしまう。つまり、そこから離れないと自分は幸せにはなれないけれど、離れてしまっても自分が幸せになれないという矛盾が生まれてしまいます。

大江　そうですね。ここにいないと夢も叶えられないという矛盾は起こりますね。その時の野口さんは、いずれ宇宙に行くすべが増えて、必ずしもＪＡＸＡにいなくても宇宙に行くことはできるかもしれないと考えていらしたのでしょうか。

野口　いえ、ＪＡＸＡ在職中はそんなことを考える余裕はありませんでした。今では宇宙に行くために他の手段もいろいろあるのですが、その当時はＪＡＸＡ職員でない限りは次の宇宙飛行はないと明確にわかっていましたし、振り返ってみれば２０２０年ぐらいまではＪＡＸＡにいないと宇宙には行けない時代だったと思います。

大江　そのような矛盾を孕《はら》んだ状態から、どのように3回目のフライトへ向けて立ち直ったのでしょうか。

野口　結局何がきっかけになったのだろうかと冷静に考えると、そんな行き詰まった状態からいったんタイムアウトできたことでしょうね。具体的には理系の世界、技術の世界を離れて、文系の世界に逃避したことだろうと思います。僕はもともと理系で、科学も好きだし技術も好き。ＪＡＸＡにいて、ずっとそういう世界で生きてきたわけです。

そして当時、ＫＰＩ（重要業績評価指数）のような指標に縛られることが多くなって、少なくともこのままではここにはいられないと感じた時にたまたま出会ったのが、ＪＡＸＡと京都大学が共同で行っていた宇宙の人間学研究でした。京都大学の哲学や心理学の先生、名古屋大学や慶應義塾大学の先生などもいらっしゃいまして、宇宙体験を科学技術的ではなくて人文学的に捉え直そうという研究を細々とやっていたんですね。僕は２回目のフライトが終わった後、その先生方に宇宙体験の話をしに行ったんです。

宇宙体験を人文学的に捉えるというのは、立花隆先生の『宇宙からの帰還』の切り口にも当然重なります。僕はそれまでずっとテクニカルな世界、新型宇宙船だのＩＳＳの運用だのという技術ゴリゴリの世界にいたのですが、興味の対象として、宇宙体験という不思議な体験が自分の中にどう蓄積して自分を変えていくかを見たいという思いもあったんです。研究に触れるうちに、自分がそのような内省的なきっかけを欲していたんだとわかってきました。

ですから、そこでＪＡＸＡは辞めず、この人間学研究にもう少し深く関わりたいと思うようになりました。それがいわゆる当事者研究につながっていったんです。

結果的には組織を変わることなく、ゴリゴリの科学技術を扱う部門から、宇宙のいろいろな成果を利用するような仕事に変わったんです。普通は、宇宙実験を教育に使おうという話になるんですが、僕の場合にはそれをもう少し進めて、宇宙体験を人文学として深めることも大事だよねという活動に置き換えたということです。

その頃、ＪＡＸＡの理事長が面白い研究にお金を出すという企画が始まりました。理事長に研究計画をプレゼンして認めてもらえたら、まとまった資金を出してもらって自分のしたい研究ができるという制度があったんです。研究期間が終了したらその成果を理事長に報告すればよいという、社長プロジェクトのようなものですね。それをさせてもらって、宇宙飛行士の訓練をする一方で、わりと自由に人文研究を行うことができたんです。

そのおかげで、細かい「てにをは」にこだわるような現場から離れて、京都大学に行ったり、工学部の先生や心理学部の先生と話をしたり、それまでとまったく違う環境に身を置くことができました。一種の逃避であるのは確かですが、京都に行って心理学の先生と話すだけでも視点がまったく変わりますし、そういう仕事の変化に救われたというのはありました。

大江　宇宙体験の研究をするということで、つらい現場から離れたわけですね。
野口　ここを離れないと自分が削られると感じると、普通は退職しかないわけですよ。
大江　けれども、野口さんの場合は、うまい具合にもう一つの居場所を見つけられたと。
野口　だから、まず自分の周りの景色を変えてみるというのは悪い手段ではないと思うんですね。一見、逃げに見えるような一手であっても、まさに人間は半径5メートルの中で悩み、苦しむので、違う半径5メートルに行くだけで一気に悩みが解決するというのはよくあることだと思います。出張で京都に行ったり、京大の先生に来てもらって話をしたりと、物理的にどこかへ行って景色を変えるということだけではなくて、話す相手が変わるだけでも結構変わるものなんです。仕事のベースは相変わらずつくばだったのですが、これで本当に救われました。

宇宙体験はどんな心の変化をもたらしたのか

大江　野口さんは逃げとおっしゃいますが、おそらくご自身の中で、自分の宇宙体験が何だったのかというのをどこかで体系立てて整理したいという思いがおありだったのではないでしょうか。

野口　確かにそうですね。きちんと整理したい、考え直したいという意識はありました。

大江　実際にそうやって体系立てて整理してみて、何がわかりましたか。

野口　きちんとした形での整理はまだついていないのですが、少なくとも、まさにそれをしたかったんだということに気づいたのが大きかったんです。宇宙体験というのは非常にインパクトがある出来事なので、それによって自分の中に変化が必ずあるよね、その変化をちゃんと知るところから始めたいんじゃないのという、極めて当たり前に思えるような問いかけも、自分ではなかなか気がつかないものなんです。

僕より若い世代の宇宙飛行士たちは、「宇宙体験とはどんなものですか」という問いに、「いや、出張と一緒です」という言い方をよくしているようです。宇宙飛行は特殊な経験ではなくて、宇宙船という乗り物に乗って、ISSという職場に移動して、地上の研究者と協力して仕事をして帰って来るというだけであって、出張業務をしているだけという姿勢です。それぐらいの感じでやるほうが肩の力が抜けていいというのもあるんですが、宇宙体験というものがもたらした内面の変化というものを見過ごしてしまう危険性もやはりあるのではないかと思います。

逆に僕より年長の宇宙飛行士の方々、とくに毛利さんはそれをすごく大事にしていらして、自分が挑戦した宇宙というものが与える視野の拡張ということを意識しておられました。どちらもあると思うんです。

僕の場合は、そのような内面的変化を見たいと思いつつ、まず、方法がわからなかったんです。というのも、結局、内面の変化というのは外から見てわかるものではないし、数字で出てくるものでもない。人間の心とか頭の中を切り開けばわかるというものでもなければ、X線で撮って見えるようなものでもないので、客観的に変化を捉えるのが非常に難しいわけです。

大江　内面の変化は自分にしかわからないものですものね。となると「あ、自分、ここ変わったな」と自分で客観的に気づけるかどうかということになりますか。

野口　目で見える科学技術的な成果、たとえば月に行った、惑星の砂を持ってきたというようなことは誰が見ても同じ評価ができるもので、それが科学の世界です。けれども、心理的な体験、内面的な変化というのは常にパーソナルなものであって、同じ宇宙船に乗って一緒に帰ってきても得られる経験は人それぞれ異なります。

結局、この時の人文学への挑戦でわかったことは、内面の変化はあくまで個々人の心にとどまってしまうものだということでした。

けれども、それでは意味がないかというとそんなことはなくて、その変化、体験はやがて言葉や映像などになって、人から人に伝播《でんぱ》します。そして、伝播したものはやがて社会としての英知に必ずつながるんです。つまり体験自体は個人的なものであっても、そこから得られるインパクトは普遍的であるということです。ここが、当事者研究のおそらく一番のエッセンスです。

たとえばものすごく大きな体験、ＰＴＳＤみたいなものを含めて非常に悲惨な体験があった時に、当事者にはそれぞれの捉え方やインパクトがあって、内面に抱えるものはみな異なり、外から決して捉えられないものです。けれども、その一方でＰＴＳＤという言葉で表される症候群は確かに存在します。だからこそ、同じことが起きないように社会として努力します。

体験が個人的であっても、そこから得られる英知は社会的であって、集団としての新しい世界を開いていくことができます。ですから、宇宙体験をポジティブに言えば、内面世界の変容が開く地球的視野の拡張みたいなことになるでしょうか。いわゆる地球市民としての意識を持つようになってきた結果だと思います。

最近の環境問題のベースの一つとして、青い地球を守ろうという言葉があると思います。けれども、アポロ計画が始まったのは１９６１年。人類が初めて青い地球を見るという体験をしたのは、わずか半世紀あまり前に過ぎないのです。青く、ぽっかり浮かぶ地球の姿は今では当たり前になっていますが、その前の人類はそのような視点を持っていなかったわけです。

大江　人類初めての有人飛行中にガガーリンが語ったとされる「地球は青かった」はあまりにも有名ですね。

野口　そうですね。ガガーリンの言葉で初めて地球を外から見るという視点に気がついた。それどころか、１３０年前になるまで人類は空すら飛んでいなかったわけです。おそらく地球とは、どこまでも続く大地のことだと捉えられていたのでしょう。空を飛ぶようになって、地平線の上にある空、その上の暗い宇宙空間を下から見上げられるようになり、やがて雲の上から見るようになって、今でははるか遠く離れた場所から一つの天体として地球を見ることができるようになった。それはまさしく、視野の拡張です。

大江　「蟻《あり》の目」「鷹の目」とよく言われますが、蟻の目から始まって、鷹どころか、どんどんどん高くなっていって、今ではとんでもないところまで高くなってしまった。そんな視野の拡張を実際に経験されて、ご自分でも変わったなと意識されるのでしょうか。

野口　宇宙体験自体は、今言ったようにポジティブな面も含めて、非常に大きなインパクトを与えてくれたと思います。もちろん、身長が伸びたとか、筋肉が増えたとか、走るスピードが速くなったというような外面から見えるような変化としては出てきませんが、自分の内面、心に持っているものは確かに変わっていると思います。

それがどのように表に出るかというと、おそらく、言葉として出ることが多いのではないかと思います。もちろん人にもよるので、絵が描ける人は絵に描くでしょうし、表現者として他の方法を持っている人もいると思うのですが、少なくとも、私や周りの宇宙飛行士は、それを言葉として出していくしかない。

宇宙体験はどうでしたかと問われた時に、その答えをどう紡いでいくかと考えると、言葉を正しく使い、きちんと表現できるような努力をするのが大事だと思います。言葉にすることで相手に伝え、それが社会に伝播していくわけです。それこそがやはり、人間を宇宙に送る、日本人を宇宙に送るという一番の成果ではないでしょうか。おこがましい言い方になりますけれど、そういうのを自分の母国語で聞くことができるというのは大きなメリットだと思います。

ポジティブな面は、そういう形でお伝えしています。一方で、ネガティブな面がまったくないわけではない。それは、先ほど半径5メートルの話もしましたが、周りの人間関係で行き詰まることもあるし、大きな目標を達成した後に必ずやって来る落ち込みの時期、通常の生活に戻って来る時の落差からくる燃え尽きのリスクも当然あると思います。

燃え尽きに関して言えば、うまくトランジションする方もいらっしゃるし、非常に苦労される方もいると思うんですけれど、それは宇宙飛行士にとっての宇宙体験がもたらす光と影の部分にとても似ていると思います。

自分という存在が愛おしく感じられるきっかけ

大江　私はもちろん、宇宙には行けない立場なのですが、それでも最近、自分の内面に変化があったと感じる出来事がありました。というのも、私から数えて6代前ぐらいの先祖が、清水《きよみず》の舞台から飛び降りたという言い伝えが大江家にはあったのですが、その記録が清水寺で見つかったんです。
その人は医者になるための修業で京都に数年間住んでいました。清水寺は観音信仰の聖地で、三七《さんしち》参りというのがありまして、「立派なお医者さんになれますように」と21日間お堂にこもって願を掛け、その21日が明けて朝日が昇ってきた時に、清水の舞台から飛び降りたのだそうです。江戸時代にはそうやって、観音様に願を掛けて飛び降りる人がいたんですね。天保5年2月8日に飛び降りた記録が出てきたというので、見せてもらいに行ってきました。清水寺の塔頭《たっちゅう》で、総務のような仕事をしていた成就院というお寺があって、その成就院の日記『清水寺成就院日記』の中に入っていました。

かなり詳細な記録が残っていて、門番の太七さん、役人の誰々さんなどが集まって助けてくれたということまで書かれていました。それを見た時に、あ、本当に助けてもらったんだ、ありがたいことだなと思ったんです。これまで、「人は生かされている」という言葉を聞くたびに、ちょっとクサい言葉だなと思っていたんですが、本当に生かされていたなと実感できたんです。

野口　それは、物理的に生かされていたということですね。

大江　はい。あの時に私の先祖が死んでいれば、今の私はいないわけで、先祖がいろいろな人に助けてもらって生かされたおかげで、今、私が生きているんだというのがすごく腑に落ちたんです。

それなら、先祖を助けてくれた門番の太七さんの子孫も今、どこかにいるのかもしれない。

もしかしたらどこかですれ違っているかもしれないし、一緒に仕事をしているかもしれない。そう考えたら、先祖の恩もあるかもしれないから、みんなに親切にしなくちゃと思いました。これまでも比較的親切なほうの人間だったと思うんですけれど、よりみんなに丁寧にしておかないと後悔するかもしれないと思いまして、最近、より丁寧に生きたいなと強く思うようになったんです。

その内面の変化が、約１９０年前の記録をきっかけに起こったんです。ところが野口さんの場合、命をかけて地球を飛び出していらっしゃるわけですよね。そうすると、私の気づきどころじゃないぞと思うんです。

野口　よく耳にするのは、自分の存在を脅《おびや》かされるような大きな事故や病気の後、生きていることがこんなに貴重なことなんだと気づいたという話です。大きな出来事があると、自分が今、手にしている命のかけがえのなさを自覚して、自己実現欲求のようなものに気づくんですね。大江さんの場合、ご先祖が命を張るような体験をして、結果的に生かされたという感覚がまさに時代を超えて蘇ったというところでしょうか。

大江　そうですね。１９０年の時を超えて蘇ってきました。

野口　よくそんな記録が残っていたものです。自分の命が当たり前のものではなくて、何ものかによって生かされているのだという感覚はものすごく大きいでしょう。いい体験をなさったと思います。

そういう体験も踏まえて、周りの人にもちゃんと徳を積んでいかなきゃというのも含めて、大江さんは、今の生活に満足していらっしゃいますか。

大江　満足はしていますね。

野口　そう言い切れるのは本当に幸せな証拠ですね。一時期、迷われていた時期は、今幸せですかと聞かれて、幸せですと答えられていたでしょうか。

大江　どうでしょう。半径5メートルの人間関係という話につながりますが、私たちもチームで仕事をします。宇宙飛行士というのも一人では宇宙に行くことはできなくて、いろいろな人と一緒に、チームワークで成功を目指します。テレビの現場もチームでないと成立しない仕事です。そこで、みんなの歯車がうまくかみ合う形で仕事ができて、これは絶対に報じるべきだという社会的意義を感じられるような仕事ができていると、充実感ややりがいが感じられて、やっていてよかった、生きていてよかったと思うわけです。

それが、チームの歯車がちょっとかみ合わなくなってぎくしゃくしてしまうと、本来の目的である、世の役に立つための仕事をするというどころではなく、その前の段階で止まってしまう。あの人がこんなことを言っていた、プンプンというように、本筋ではないはずのことに気を取られてしまったりします。それがもったいないと思うんです。

本来の仕事の目的のために全身全霊を傾けたいのに、余計なことに気を遣わなくてはならなくなってしまいます。「目先の感情にとらわれるな」と、私は野口さんに教えていただいたんですけれど、まさにその目先の感情に右往左往してしまって、楽しく働けなくなる時期がありました。

その結果、本来の目的である意義のある仕事ができているかというところで納得感が薄まってしまい、あれ、これは私がやらなくてもいいんじゃないかと思ってしまったり、もうちょっと違うことがやりたかったなと思ってしまったり。負の思考のスパイラルに陥ったことがありました。

けれども今は、自分で提案をした企画を形にしていくということもできています。チームワークがよくて、心穏やかに働くことができる環境で、そういった意味では、半径５メートルの人間関係が良好であることがいい仕事につながるわけですよね。これが基本だと思います。

野口　腹落ちする感覚、とでも言うのでしょうか。自分たちでこれはいい仕事ができたねとか、納得できたねという感覚を共有して積み重ねていきたいですね。

大江　いい仕事をするためにぶつかり合うのはまったく問題ないんです。けれども、それとは関係ないところで感情を揺さぶられたり、嫌な感じを受けたりするのが本当に苦手で、そういうのを避けながら生きていきたいなと思ってしまいます。

野口　確かにそうですね。

怖いと感じるリスクを封じ込めるための訓練

大江　野口さんが船外活動をなさる時、あの真っ暗闇の中、しかも宇宙服の一歩先は死の世界みたいなところで怖いとは思わないんですかとお伺いしたら、「怖いと思うよりも、次の手順をどうするかばかりを考えています」とおっしゃったのを聞いて驚いた記憶があります。

怖いと思うそのワンアクションで行動が遅れることによってリスクが膨らむ可能性があるので、自分は常に次にやることを考えていて、怖いと思う暇がないとおっしゃっていて、うわー、さすがだなと思いました。目先の感情にとらわれたくはないと思っていても、私たちはそれに影響されてしまいがちです。でも、野口さんもとらわれそうになることがあったんですね。

野口　もちろんありますよ。人間だもの。

大江　人間だもの、ですね。

野口　船外活動のことは、以前、確かにお話ししたのを覚えていますが、その前段階に訓練時の話があります。宇宙飛行士になってすぐ、スカイダイビングのような訓練があるんですね。実際に飛ぶ前に、まずは部屋の中で装備や手順についての説明を受けます。これを背負って、この命綱がつながっていることを確認して、このフックが締まっているのをチェックして、というように準備段階のチェックをするんですね。一つ一つの手順を、順を追って細かく体験します。

次に外に出て、まったく同じことをします。それから、相方であるバディが、まるでお稽古事のように同じ手順の確認を繰り返します。それを終えたら次は実際に飛行機に乗り込み、いよいよ上空から飛び降りることになります。上空に行ったところでパカッとドアが開いて、さあ飛ぶぞということになります。地上で何度も繰り返した手順をやるだけとはいえ、飛び降りる瞬間はやはり怖いですよね。

大江　一瞬、「え、飛ぶの?・」というように考えてしまうことはないんですか。

野口　「本当に飛ぶの?・」と考え込んでしまうと怖さが増幅して動けなくなる。考えるより動け、で「はい、行くよ」「はい、ここをチェック」「はい、ここOK」「次、ここチェック」「次はここを持って」「はい、OKです」「いい?」「はい」と答えた瞬間に背中を押されちゃう、そういう感じです。もちろんドアが開く瞬間は、一瞬、下を見るので怖くなるんですが、それを考える間もなく、やらなくてはいけないことの確認作業をします。

クリップ、チェック、クリップ、チェック、ここのバーを持つ、チェック、はいOKというように一つ一つ確認して、手順どおりにしていれば安全にジャンプできるというのを体に覚え込ませるんですね。

いろいろ考えて手がすくんでしまうと、チェックが疎《おろそ》かになってしまいかねない。命綱にしてもフックにしても、きちんと決められたとおりにつながっていないまま飛んでしまったら本当に命がありませんから。必要なことは手順どおりに、やらなくてはいけないことを体に覚えさせるんです。バディも含めて強制的にそのルーティンを体に染み込ませていく、というのが訓練の一つでした。結果的にそちらのほうが楽なわけです。

大江　そういう厳しい訓練があってこそ、目先の感情にとらわれないということができるようになるんですね。

野口　自分の心がすくんでしまう前に行動できるように、必要な作業をルーティン化してパターンを覚えるというのはありうると思います。

たとえば、大江さんは毎日やっているから当然かもしれませんが、普通は生放送のニュース番組に出るとなったらものすごく緊張するわけです。そんな時は、台本を見てそこに集中することできちんと臨めるようになる。おそらく、今の大江さんはもうそのようなことは考えないと思いますが、最初のうちは、話すべきことを頭に入れておいて、カメラが回り始めたらその言葉を発するということで乗り切っていらしたのではないでしょうか。

大江　確かにそうでしたね。もちろん、不測の事態もいっぱい起きるんですけれど。時間になったのにオープニングのＣＧが流れないということもあって、あれ、ＣＧの代わりにもう私が映っているぞとなる。でも、そういう時にどうしようと思ったらその「どうしよう」が映ってしまうので、そこをどうにかするという方法を考えますね。それが、手順を考えるというところと似ているかもしれません。

野口　同じだと思います。待ったがきかない現場ですよね。

大江　そうなんです。始まったら、後は続いていくんです。何があっても。

野口　クイーンの楽曲にもあるとおり、始まったら、The show must go on.そこは宇宙も報道の現場も似たようなものかもしれません。

大江　まさに、The show must go on ですね。一度幕が上がったら、どうにかしなければいけないんです。いつか必ず終わる時が来る、その時までは。

困難から脱出して三度目の宇宙飛行へ

大江　2回目のフライト直後が最も厳しい状況で、つくばで悶々となさっていた。そこからどう立ち直って3回目のフライトにつなげたのかというところを、ぜひお伺いしたいと思います。

野口　先ほどお話ししたように、理系の世界を離れて文系の世界へタイムアウト、つまり逃避したというのが一つ。自分が今いる半径5メートルで行き詰まっていたら、違う半径5メートルに行けばいいということなのでしょうね。

大江　ちょっと自分の居場所を移すということですね。

野口　そしてもう一つ大きかった要因は、他力本願ですが2016年にまたヒューストンに移住したことです。

大江　次のフライトの準備に入ったということですか。ただしアサインはそのずっと後、2

０１９年頃でしたね。

野口　当時、そろそろスペースＸかボーイングの宇宙船が完成しそうだという話があって、それなら準備も含めて少し早めに行っていたほうがいいだろうとフライングで赴任させてもらいました。乗ることが決まっていたわけではないのに、行かせてもらったんです。

大江　やっぱり特別なんですね、野口さんは。

野口　だから、その時点で強制的に自分の周囲の景色が変わったというのがあります。ＪＡＸＡのマネジメントを外れたので、職能としての「長」がつかなくなったということもありました。それまでは宇宙飛行士グループ長という立場だったので、本当の意味で人事調整をしていたわけではないものの、中間管理職の厳しさをずっと感じていました。それがなくなったことで肩の荷が下りた感覚があったのを今でもはっきりと覚えています。なんとなく、都落ちみたいな感じではあるんですが。

大江　ヒューストンが都落ちだなんて。

野口　本社組織みたいなところから一気に離れて現場です。長がつかないポジションになって、自分のことをできるようになったのは大きかったですね。場所も変わったし、ポジションも職能も変わった。１回目のフライトの次は２回目、２回目の次は３回目という当然の流れはあるわけですが、そこまでして宇宙に行きたいのかと改めて問い直す時間を持てたというのは自分にとって大きな変化でした。

大江　結果的にアサインまでに3年ぐらいあったわけですから、それはいろいろな思いを整理するいい時間にもなったのでしょうね。

野口　1回目のフライト時は、当然、それを目標に宇宙飛行士になって訓練してきたので悩むことはないのですが、2回目に向けて悩む人は結構多いんです。1回だけ飛んで、そこで退役している宇宙飛行士というのも意外と少なくありません。

　今のところ、日本人の宇宙飛行士は2回という方が多いですね。そして、2回目から3回目というのはやはり悩むところだと思います。

大江　いったい、何で悩むのでしょうか。

野口　同じことの繰り返しはしたくない、これ以上何をやるのかという悩みでしょう。もちろん同じことの繰り返しを厭《いと》わないという人もいます。若田さんがそうですね。

大江　同じことというのは、どのようなことなんでしょう。たとえば、ＩＳＳに行くのは同じことということになるのでしょうか。

野口　そうとも限らないのですが、つまり、質的に変わることを必ずしも求めないということです。若田さんの場合、１回目と2回目のフライトはどちらもスペースシャトルで、どちらもロボットアーム操作を行うミッションでした。彼はそれをまったく否定していません。3回目、4回目にまったく同じことが求められていたとしても、多分、彼は受け入れたと思うんです。けれども、僕の場合には同じことはしたくないという思いがあって、何が何でも新型宇宙船に乗りたかったんです。

そのようにいろいろな葛藤が当然あるわけです。そんな中で、少なくとも新しいことができるという見通しが立って、目の前に取り組むべき大きな課題があって、その日その日でやるべきことがあるという日々はものすごく健全だったなと思います。３回目のフライトに向けて、そういう場所に戻れたのはとても大きいですね。

もし、２０１６年の時点でヒューストンに行っていなかったとしたら、あるいは新型宇宙船なんて実際に出来上がってみないとわからないから、もうちょっと日本でデスクワークしなさいと言われていたら、もっと早くＪＡＸＡを退職していた可能性もあると思っています。

大江　それは、３回目のフライトの前にということでしょうか。

野口　はい。もうやっていられないと思っていた可能性はあるかもしれません。理系から文系への逃避というので周りの世界が変わったということと、物理的にアメリカに単身で飛んだということ、どちらも同じぐらい大きな出来事だったと思います。

大江　野口さんには、どうして同じことの繰り返しは嫌だという感覚があったのでしょうか。切り込み隊長になりたいという思いがあったからなのでしょうか。

野口　何なんでしょうね。おそらく僕の中で宇宙体験というのは、それまでやっていないことへの挑戦という位置づけだからではないかと思います。僕はそうだけど、全員がそういうわけではないでしょう。同じことを繰り返しやっていくことで深められるものもあると思っていて、それもとても大事なことだと思うんです。

大江　私はWBSというニュース番組にもう10年以上携わっていまして、同じフォーマットと言えば同じフォーマットなんですが、やること自体は毎日まったく違います。毎回何かしら起こって、言ってみれば毎回リニューアルみたいな感覚です。宇宙でも、そんな感じなのかなと思っていたのですが。

野口　大江さんの感じ方のほうが健全な気はします。結局、我々の社会の営みって、同じことをしっかり繰り返しつつ深めていくわけじゃないですか。だから、それをきちんとできる人のほうが、本当の意味で社会の役に立っているのだろうという気はします。

大江　野口さんは何でもできてしまう方なので、常に前とは決定的に違うプラスアルファを探し求めていらっしゃるのかもしれませんね。

当事者研究の成果が与えてくれたもの

大江　野口さんがやっていらした当事者研究というのは、先ほどお話にあった京都大学での研究なのでしょうか。

野口　実は当初の研究活動は京都大学の先生方と一緒にやっていたんですが、その後、先生が定年退官になって続けられなくなってしまったんです。研究の受け皿がなくなりそうになったタイミングで、東京大学で当事者研究を続けている熊谷晋一郎先生に声をかけてもらったのがきっかけで研究の拠点を東京大学に移しました。

先ほどもお話ししたとおり、当事者研究はもともと北海道にある「べてるの家」という施設で行われていた活動です。ですから、本家本元の当事者研究は「べてるの家」の先生方によるものなんですね。

その当事者研究という枠組みを引っ張ってきて、他の分野にも使えるのではないかというのが熊谷先生の試みでした。熊谷先生ご自身が脳性まひで車椅子生活なので、まさに障害者の当事者です。その頃僕がやっていた宇宙体験による内面の変化を自分自身で深めようという研究が、当事者研究というジャンルに当てはまるのではないかと熊谷先生が捉えてくださって、一緒にやりませんかと声をかけていただいたんです。

それまで僕は自分の研究について「宇宙の心理学」とか「宇宙の社会心理」と表現していましたが、熊谷先生に声をかけていただいて居場所ができたので、今度はその当事者研究の枠組みでそれまでやっていた心理学の研究を捉え直そうと考えたんです。

大江　そういうことなんですね。それが、いつ頃だったんですか。

野口　ヒューストンに行くのと同じ頃ですね。日本を離れたタイミングと重なっているので、熊谷先生と一緒に机を並べて研究していた時期はほとんどなく、ほぼリモートでお会いしていました。先生ご自身が脳性まひだということもあって、以前からリモート環境をうまく使いこなしていらしたんですね。

大江　というと、当事者研究を始めたタイミングは3回目のフライトの前ということになりますね。

野口　はい。3回目のフライトの前に当事者研究としての論文は完成していて、その博士論文を宇宙飛行にも持っていきました。外部の研究者の方々とも連携して新しい取り組みをした、その成果を携えて宇宙に行けたというのは、自分にとってとても意義のあることでした。

大江　それは、3回目のフライトの後に、以前のような燃え尽き状態に陥らないためにということでしょうか。

野口　そうですね。3回目の後に、前と同じような状態がやってくるであろうという心の準備はできていました。ただしその頃、2回目のフライトが終わった後の気持ちのアップダウンやもやもや、人間関係の話というのは対外的には一切していなかったんです。それほど深く悩んでいながら外には出さず、3回目のフライトの後、引退会見で初めて実は燃え尽き状態に陥っていたという話をしたので、3回目のフライトの後に燃え尽き症候群に陥ってJAXAを退職することになったというふうに捉えられてしまったのかもしれません。

大江　その後、当事者研究の成果というのは3回目のフライトに生かされましたか。

野口　少なくとも、精神的なアップダウンのダウンへの心構えはできていたと思います。

大江　結果、やっぱり、ダウンはあったんですか。

野口　はい。ダウンは必ずあるものですね。

大江　3回目の後は、どんな感じだったのでしょう。

野口　朝、どうしても起きられないとか、今日はどうしても休みにしたいとか、そんな精神状態です。

大江　時差ボケとかそういう雰囲気のものではなくて、精神的に起きるのがつらい感じですか。それはちょっとしたうつ状態ということなのでしょうか。

野口　そういうことなのでしょうね。アップダウンなので、普通の日もあります。というか、普通の日のほうが多いんですが、時々、ああちょっと今日はダメだという日がありました。

大江　そのような気分の変化が起こるのには、何らかのトリガーがあるんですか。そのあたり、自己分析されていたのでしょうか。何かがあるから起きたくないと思うのか、何かがあったから起きたくなくなるのか、そのあたりが気になります。

野口　ああ、それは意識していませんでした。でも、確かにそのトリガーまでわかるといろいろなことに応用できそうですね。

コロナ禍が私たちに問いかけたもの

大江　ところで、野口さんがクルードラゴンの運用初号機に搭乗したのが２０２０年。実際にアサインされたのは２０１９年とのことですが、その時の訓練はどんな感じだったのでしょうか。

野口　３年前に渡米して訓練を始めていたので、そこからはラストスパートという感じでした。

大江　後は飛ぶだけという状態ですね。

野口　そう、全集中している時です。ただ、幸か不幸か２０２０年に入るとコロナ禍が訪れて、スケジュールが少し遅れてしまいました。コロナでロックダウンになった時は、あの巨大なＮＡＳＡが無人になるわけです。広大な駐車場にまったく車がないような状況の中、僕たちクルー４人だけがＮＡＳＡに集まります。無人の駐車場にたった４台の車だけが停まっているというちょっと不思議な状態でした。

大江　なんだか、映画の世界みたいですね。

野口　ちょっとした終末感がありました。『マッドマックス』みたいな感じですね。まるで世界中の人々が皆滅びて、誰もいないところで我々だけが生き残ったような気分でした。広いカフェテリアも閉まっているので、そこに食べるものもない。自分たちで持っていってなんとかしている。そんな雰囲気でしたが、そういうところでも、フライトへ向けて訓練できているという幸せ感で救われました。

ロックダウンになったのは3月ですが、2月くらいから雲行きが怪しくなってきたんですね。その頃、ちょうど大江さんは1カ月のお休みから戻ってきた頃でしょうか。

大江　そうですね。2月に復帰しています。

野口　その頃、自分たちだけではなく社会全体で、急速にサステナブルな社会についての意識が高まってきましたね。もちろん、その時はコロナ禍に対して持続可能という意味だったのですが。我々はそれぞれが抱えていた問題、働きすぎであったり、目標に対する再定義であったりということについて、社会全体として見つめ直す機会になったと今では思います。

大江　確かに、コロナ禍を機に自分たちの働き方も修正されました。

野口　そう、明確に修正されましたね。最低限、自分に何が必要なのかというのを問い直していた時期です。トルストイの短編小説に「人にはどれだけの土地がいるか」というものがあります。夜明けからできる限り広い土地を歩き回り、日没までに戻ってきたら歩いて囲った分の土地を自分のものにしていいと言われた男の話です。

その男は、できるだけ大きな土地を手に入れるために頑張って走り続けて、はるか遠くまでたどり着きます。帰りはもう水も飲まず、何も食べず、必死になって帰ってきて「よし、このあたりの土地は全部俺のものだ」と喜びを露わにしたところで倒れてしまい、そのまま息絶えてしまいます。結局、その男に必要な土地はお墓の大きさだけだったと、そういう話です。自分たちに最低限必要なものは何なのか、自分たちがやりたいことって結局何だろうというのを考えるたびに、この話を思い出します。

弱さをあえて見せる新しい時代のヒーロー像

大江　ところで、燃え尽き状態に陥っていた時にはその悩みを外に出していなかったということでしたが、次に飛ぶためにそうした心の揺れ動きというのを周りに出さないようにしていらしたのでしょうか。精神状態が安定しているかどうかというのは、宇宙に行くためには重視されるポイントの一つですよね。

野口　そうですね。確かにそれはあったと思います。そして、自分自身でもはっきり言語化できずにいた部分もあるのかもしれません。あまり安易に男性女性の差にしたくないんですが、いろいろな人に話を聞いていると、日本人男性はみんな、自分の弱さを表現するのが下手で、なかなか言語化できない。だから、過労死してしまうことも多いのではないかと推測しています。自分の命を削っている感覚をうまく自己認識できないし、表に出すこともできないのではないかと思います。
本当は社長室にでも怒鳴り込んで「辞めてやる。こんなことやってられるか」と言いたいところですが、それを本人の前ではなく駅前の居酒屋でみんなでぶつけ合って、終電で帰っていくわけです。顔色が悪いとか、ふらふらしているみたいな状況の人を、日本の社会は助けにくくできています。第三者のヘルプもないし、本人が気づかない、言えないのですから仕方ないんです。
体のSOSに気づかず、まだまだ頑張れると思ってしまう。このプロジェクトさえ終わればとか、うまくいけば昇進があるかもといったもくろみで突っ走ってしまうんですね。

大江 とくに、宇宙飛行士はスーパーヒーローだと思われがちですよね。The best of human being と呼ばれているくらいですから。私も弱さとは無縁のとても強い人たちだと思ってしまっていました。

野口 僕は「弱さの情報公開」という言葉が好きなんですが、それって日本人男性はドキッとするのではないでしょうか。そんなことをするという選択肢があるのかと思うくらいだと思います。
最近のアニメ『僕のヒーローアカデミア』も、ヒーローの燃え尽きと限界が一つの主題になっています。子どもたちも好きなのでよく一緒に見ていますが、トップに上り詰めたヒーローが限界を悟って、次につないでいくというお話です。限界まで頑張ってきたヒーローをテーマにしているのが、ものすごく今日的《こんにち》ですね。ヒーローのそんな姿は見たくないという思いも当然あるわけでしょうが、そんな葛藤を描いているところが人気の理由でもあるのだろうなと思います。

第4章

安全な空間から外の世界へ飛び出す時

2021年に、野口さんは3回目の宇宙飛行から帰還。そして翌2022年、26年間勤めたJAXAを退職します。引退記者会見には大江さんも出席して鋭い質問を投げかけていましたが、さらに掘り下げて尋ねたいことがありました。

人生において大きな決断をしたその時、野口さんの周囲ではどんなことが起こっていたのか。野口さんの心の中では、どんな変化が生まれ、何をもって退職の決意に至ったのか。

野口さんが考えるキーワードは、自分自身の評価軸を外ではなく自分の中に置く、ということでした。

組織から離れることで個人は自由になれるのか、それとも組織の中で自由を手に入れることができるのか。

大江さんが興味を抱く、NASAのチームビルディングに倣《なら》う今の時代のリーダー像、コミュニケーションのあり方を考えるとともに、日本の組織が抱える弱さについても考えます。

なぜ組織から離れる決断をしたのか

大江　燃え尽き状態から立ち直り、３回目のＩＳＳ長期ミッションフライトを終えて、２０２１年に地球に帰っていらっしゃいました。そして、２０２２年には26年間勤めたＪＡＸＡを退職されることになりましたね。記者会見では退職の理由について「後輩飛行士に道を譲りたい」などと述べていらっしゃいました。それももちろん大きな理由の一つだと思いますが、いったい、何をもって決断されたのでしょうか。

野口　大きく言うと、結局、組織に長くいたことでいろいろ行き詰まってきたというのが理由になるのでしょうか。まず、自分の価値観を会社に決められることを窮屈に思うようになってきたということがありました。組織に属していると、人事権や給与、業務内容などいわゆるキャリアパスを、当然ながら組織が決めることになります。評価される基準が自分自身にはなく、自分以外の他人や組織にあって、それはたいてい曖昧なものです。そんな状況が自分の中で窮屈になってきて、自分のアイデンティティを自分で作りたいという思いがありました。

そしてもう一つは、個人のスキルや独自性が埋没してしまうと感じたことです。会社にしても、ＪＡＸＡのような半官半民の組織でも、基本となる組織の運営方針には二つの原則があります。一つは組織は間違いを起こさないという、無謬《むびゅう》性の原則。組織が決めたことに間違いはないはずだ、というものです。そしてもう一つは、成功の反復を極めて大事にするというもの。前例主義という言い方もあります。

大江　成功の反復というのはとてもいい言い方ですが、前例主義ということはつまり、新しい何かを取り入れるよりも、同じことをし続けようというものですね。

野口　はい。成功とその反復、この二つが組織の行動の大原則です。つまり、成功を繰り返すことが何よりも大事だということになります。それが何を引き起こすかというと、組織の完成度を上げれば上げるほど、個人のスキルや独自性は埋没してしまうということです。

　組織の中では、3年から5年経つと自分は別のところに異動して、そのポジションに別の人が来るというのが当然の流れです。それでも、会社としては問題なく動くことが求められています。誰がやっても同じようにできることが求められるわけで、個の独自性、スキルみたいなものを、実はそもそも出さないようになっているんです。

　そして三つ目は同調圧力の問題。これはとくにアメリカから帰ってきて、非常に強く感じたところです。

大江　組織のあり方自体が、アメリカとは全然違っているということでしょうか。

野口　そうですね。日本の社会には、同調圧力によって個の特性を認めたがらないというか、出る杭は打たれるというところは確かにあると感じます。みんなで等しく我慢しているのだから、抜け駆けは許さないというか、特別なことをしようとする者を処罰しようとする、自粛警察のような雰囲気を感じます。

同調圧力というのは、実は、自分が周りに合わせなくてはいけないという心理になる以上に、合わせない者を徹底的に排除しようという文化です。すると、ちょっと変わった人がいづらい組織、集団になってしまいます。多様性の話にも重なるのですが、均質性が高い社会は異端者や少数派を同調圧力で従わせようとしたり、あるいは従わないことに対する憤りを出したりしやすいものです。そこでは、自分の得意技を出すことが難しくなります。

一つ目には、評価軸が会社によって決められてしまうこと。二つ目に無謬性の原則や成功の反復というものを含めて、個の特色があまり出ないようになっていること。スキルがなくてもいい、むしろスキルが出ないようにされるということですね。そして、三つ目に、同調圧力も含めて自分の得意な分野を伸ばしにくいということ。

大江　それらが、その頃の野口さんが組織の中にいて感じていた窮屈さの正体で、それを解決しようと選んだのが退職という道だったのですか。

野口　はい。その三つをひっくり返したくて外に出ようとしたというのがありますね。これらの問題を、１個ずつオセロの駒のようにひっくり返して考えてみます。

まず一つ目は、自分の評価軸を自分自身に置きたいということです。自分が自分の価値を決めるという人生を送りたい、そういう仕事をしたいということでした。

二つ目は、集団の中で埋没しがちな自分のスキルを明確にしたい。これについてはスキルの棚卸しという言い方をしていますが、自分ができることは何かというのを大事にして表に出すということです。

三つ目は、やるからには自分のやりたいこと、得意なことを中心に仕事を組んでいきたいということです。組織にいて組織が与えるキャリアパスに沿っている限りは、得意なことや楽しめることで業務を行うことが非常に難しいものです。

大江　ことＪＡＸＡなどでは、本当に興味のあることや得意分野に取り組まれている方が多いのかなという印象がありましたが。

野口　たとえば技術系ですと、同じ種類の仕事、専門範囲をずっとやり続けるという人もいます。燃料バルブの改良を30年かけてやるというようなキャリアパスですね。そして、そうでなければやがては現場を離れて、たとえばプロジェクトマネジメントという名の予実管理をする管理職になるのが通常です。とすると、技術者といっても結局は人間とお金の管理をすることになりがちです。

ＪＡＸＡでの仕事は宇宙に関わることだから夢があるはずと思われるかもしれませんが、やっていることは結局、現場に残って狭い範囲の技術を突き詰めていくか、管理職となって人間とお金の管理をするかの選択になります。

宇宙飛行士という職種が極端に現場中心であるということもありますが、実際に飛行機を動かしたり、宇宙船を動かしたり、手を使って何かを操作するという仕事は、組織の中では極めて異端、かつ少ないものです。そういう意味では、テレビ局でも現場が好きな人は偉くなると居場所がないように感じるという話に近いのかなと思います。

大きく言ってこの三つの問題が組織の中で実現できないのであれば、自分でできることを探して、環境を作り直したほうがいいかなと感じるようになったというのが、辞めるまでの大きな動きです。

大江　自分のスキルを棚卸しした時、野口さんの考える自分の得意なところ、自分のスキルというのは突き詰めると何だったのでしょうか。

野口　宇宙に行くためにＮＡＳＡやＥＳＡ（European Space Agency：欧州宇宙機関）で、アメリカ人やロシア人、その他世界中の人たちと一緒に26年間働いたというのは財産になると思いましたし、それこそが国際感覚だとも思いました。後は、表現力です。僕は言葉として出していくことが非常に好きで、得意でもあると思っています。まさしくそれが表現者としての特性になるかなと感じています。

大江　本当にそうですね。２０１０年、ＩＳＳに滞在した5カ月半の間に１２００件以上のツイートをして、当時のオバマ大統領に「スペース・ツイッター・キング」と呼ばれていたほどですから。

野口　そうでした。ですから会社を辞めようと思った時に、そのような強みを前面に出していこうと思ったんです。

大江　野口さんが重視した三つのポイントは、社会で働くすべての人たちにも通じるところがありそうですね。

野口　今のビジネスパーソン、会社を辞めるかどうか悩んでいる人たちに対しては、自分のことは自分で評価するようにしたほうがいいということを言いたいですね。先ほどお話しした、評価軸を自分に持ってくるということです。そして、自分のスキルの棚卸しをして、自分の好きなこと、得意な分野で生活を立てていく道を考える。今、50代の人、あるいは60歳あたりで苦労されている多くの人に当てはまることだと思いますが、スキルの棚卸しについては結構みなさん甘いと感じています。

大江　甘いというとネガティブに感じられますが、どういうことでしょうか。

野口　確かに、普通は批判的な言い方ですね。でも僕は逆に、もっと自分の可能性を高く評価してほしいんです。定年退職した管理職がハローワークに行って「何ができますか？」と聞かれて「はい、部長ができます」と答えた、みたいな話は転職の際の笑い話としてよく聞きますが、よく考えてみればそんなはずはないんです。

まっとうに30年以上、社会人をやってきた人なら必ず何らかのスキルはあるはずで、そこを自分で評価してあげないまま「いや、会社を離れると何もできません」と思い込んでいる人が意外に多いんじゃないかと思うんです。

大江　何もできないと思うのは自分に厳しすぎで、ちゃんと探せば必ず何かあるはずなのですね。

野口　自分のことをきちんと評価できていないということですね。それは、組織の中にいたから評価軸がぶれているということもあるでしょう。ですから、評価軸を自分に持ってくることが大事です。

組織としては構成員はすべて均質であるという前提で業務を回します。どこかが伸びると従業員何万人が平等にという前提から外れてしまうので、個々の能力をそもそも認めない。その前提でチームも組むし、給与体系も決めます。すると違いは誕生日の数字だけになるので、年功序列という考え方になる。それを基準に回しているところがあるので、そこを断ち切らないと、自分の正しい評価ができないんです。だから、もっと自分自身の価値を評価していい社会人がたくさんいると思っています。

社会課題に向き合うことが自己実現につながる

大江　ＪＡＸＡを辞めるに際して、宇宙に直接関わることはもういいやみたいな気持ちはあったんですか。

野口　先ほどのスキルの棚卸しの話とも関係しますが、自分の強みは何かと考えてみると、宇宙業界の中だけでやっていくより、もう少し広いところに出たほうが僕の強みを、表現力も含めて生かす道があるのではないかと思ったんです。

そして、もう一つ。長年にわたって宇宙に関わる人は「人類のためにとか「子どもたちの教育のために」というような言い方をしながらも、日常の業務の実態はというと燃焼バルブの性能を１％上げるとか、エクセルシートで１億の予算をこちらにつけるとか、そのような業務が大半であるわけです。実際に社会課題に向き合うことをしてこなかったという自責の念もあります。

大江　え、自責の念ですか。やっていらっしゃることはすべて社会貢献そのものだと思っていましたが。

野口　僕の場合で言うと、宇宙に行くための自分の能力としては、ロボットアームの操縦能力や船外活動訓練でプールに入って行う作業の正確さ、実験をいかに正確に速くできるかと か、そういうところを突き詰めているわけです。それは回り回って未来の子どもたちの役には立っているかもしれませんが、今、自分の前にあるネジを他の人よりも速く締められることと自体が、社会課題の何に役立っているのだろうと考えると、やはり疑問があったわけです。その疑問にちゃんと向き合うということをしていなかったなと思うんです。

先ほど社会課題という言い方をしましたが、僕の場合には燃え尽き症候群の経験があったので、その研究をすることで実際の人々の社会の中で起こっていることに向き合えたという実感を得ることができました。それが、自分自身の燃え尽きからの一つの回復の原動力になっているわけです。世の中で困っていることにちゃんと向き合って、本当に世の中のために役に立っているという実感を得ることができて、自分自身も救われた。そういうことをもう少ししたかったという気持ちがあります。

それは、もしかしたら今で言うところの地球温暖化問題であったり、生活を豊かにする新しい技術であったりするかもしれません。残念ながら、宇宙はその最先端技術ではなくなってしまったというところもあります。ＡＩとか量子コンピューティングみたいな真の最先端技術に比べると、宇宙はすでに枯れた技術、いわば伝統産業のようになりつつある。工学の世界では技術のコモディティ化と言われますが、資金と技術者さえ揃えれば今やどの国でも、どの会社でも宇宙にアクセスできるようになっているんです。そういう意味で、本当に今の社会を動かす技術に能動的に関わりたいなという気持ちはありました。

大江　そうすると、最初におっしゃった一番目の強みである、宇宙飛行士として積み上げてきた国際感覚とか、ＮＡＳＡ、ＥＳＡ、ロスコスモス（ロシアの国営宇宙開発機関）の方々とずっと一緒に働いていくとか、宇宙飛行を成功させるとかというところよりも、今度は地上のことがしたいと考えたということですか。

野口　そうですね。地上のことにも関わりたいという思いがありました。

行動する側でありたいと願う人たち

大江　地上で起きている社会課題について、より当事者になっていきたいというところですね。実は最近辞めていくアナウンサーの中には、伝える側ではなくて、自分がやりたくなりましたという理由があるんです。元同僚には「僕はずっと子どもの教育に携わりたいと思っていて、取材した教育ベンチャーに魅力を感じましたので、辞めてそこに入ります」と、まずベンチャーに入り、さらに起業するというような人もいます。当事者になりたいというか、自分で能動的に関わりたいという気持ちになる人は、確かに私の周りにもいましたね。

関わり方というのは、さまざまだと思うんです。キャスター、アナウンサーとして、それを世に伝える、世の中にそういう活動があることを知ってもらうことによって社会でのインパクトを大きくしていくとか、その人たちを間接的に応援することになるとか、そういうやり方もあると思うんですが、そうではなくやはり自分がプレーヤーになりたいという人もいます。生きていく中で大切にすることが変わっていくのは当然のことだと思いますし、それによって居場所が変わっていくというのも自然なことですよね。

これまでは、自分はこれをもっと大切にしたいと思ったとしてもずっと同じ組織にいなければならないのが基本だから、本当にやりたいことを諦めるという方も多かったかもしれません。けれども最近はちょっと時代が変わって、自分がいたい場所にいられる世の中になってきたということもあるのかなと思っているんです。実に皆さん、軽やかに場所を移っていきますね。

野口　お話ししたようなことを組織を変えずに実現する選択もありますし、それでうまくいった方もいると思います。一人でやるよりはチームでやったほうが大きなことができるというのも間違いない。ですから、退職して一人になったらむしろクライアントとの関係やチームに関して、会社でやっていた時以上に神経を使っているという方も多いでしょう。

そういう意味では、組織に残るか辞めるか、どちらが正解というわけではないんです。年齢や時代によって変遷していくのも確かだと思います。こと、会社を辞める、組織を離れるということに関してはそうですね。結局、自分がやりたいこと、やらなきゃいけないことを満たすために仕事をして、生きていくわけですから。

先ほどの繰り返しになりますが、マズローの欲求五段階説では、まず、本当の生理欲求、寝たい、食べたいという生きる欲求と安全欲求があります。敵が襲ってきたら逃げよう、あるいは痛いから叩かれないようにしようというものですね。その二つは動物のレベルです。

三つ目が、何かに帰属していたい、組織の中にいて安心したいという欲求です。四つ目が承認欲求。自分がやったことを認めてほしい、他者から自分が認識されたいというもので、一番上が自己実現欲求。自分が社会に貢献できている実感が欲しいというものです。

それを順番に満たすために行動をしていると、安定した収入があるというのは大事です。ですから、転職する際にそれがネックになるというのはわかります。会社員である限りは決まった額の収入が確保されているので、所属欲求にも安全欲求にもつながるんですね。

集団に属していることで、自分の精神的な安定性を得られるというのは間違いなく大切なことで、だからこそ独立したら、それまではオートマチックに持ち得た他者とのつながりを能動的に探っていく必要があると思います。クライアントときちんと対話するとか、発注先の人たちと仲良くするということを、独立したからこそやらなくてはいけないんです。

大江　会社に残っても独立しても、周りとのつながりを大事にする必要がありますね。

野口　そのとおりです。問題は、承認欲求をどのように満たすかということです。いわゆる半径５メートルの人間関係で辞めたくなる場合、問題になるのは承認欲求と自己実現欲求の話なんですね。

会社を辞めるとなると、まず収入が下がることを覚悟します。いわば安全性が脅かされているにもかかわらずなぜ辞めるかというと、一つは承認欲求を満たしたいという思いです。上司から認められない、あるいは、部下から敬意を持って扱われないことに不満を持つか、この会社にいても自分のスキルが上がりそうにないと感じるかでしょう。そして、一番上の自己実現欲求としては、もっと社会のためになることをやりたいと考える。その思いが強ければ、やはり人は辞めると思うんです。

組織を離れる時に僕が思ったのは、収入の安定という安全欲求と、集団に入っているという帰属欲求、それから、社会から認められたいという承認欲求、そして社会課題にちゃんと向き合いたいという自己実現欲求を、仕事だけで満たさなくていいんじゃないの、ということでした。

本来、人間は居場所が1カ所というわけではありません。家族や地域、アメリカ人の場合には教会という大事な軸もあって、さらに会社のような組織がある。だから、違った形でそれを満たしていけばいいんです。

会社で収入を確保する方法を探して、自分がこの集団にいると安心できるというグループを見つけ、自分が得意なこと、これをやることで自分の得意なことを認めてもらえる分野を見つけて、そういう場面を一個一個作っていけばいい。それを一つの会社で見事に体現できれば幸せな会社員人生だと思いますが、組織の中で行き詰まってくると、最後の二つ、承認欲求と自己実現欲求が満たされないケースが多いだろうと思うんです。

とくに新入社員の離職で言えば、給与の額は承知した上で入社しているのですから、給与が低いと言って辞める人はいないはずです。あるとすれば、この給与でこんなにこき使われるのか、全然休めないではないかという、身の危険につながる話でしょう。そうでなければ人間関係がよくないとか、パワハラ、セクハラがあるとか、逆にぬるすぎて自分のスキルが上がらないということです。

大江　最近は残業規制など労働時間の管理が厳しくて、働きたいのに働けないフラストレーションを抱えている人も多いですね。

野口　やりたいことができないという苛立ちですね。かつて昭和の時代は、安全性が脅かされる長時間残業とか無理な仕事をさせられることが多かったんですが、今、規制が非常に利いているせいで逆にぬるい、成長できないということになっています。

大江　そうですね。成長できないというのは会社を離れる大きな理由になり得ます。そこのちょうどいいところを探るのは難しいですね。

リーダーシップとフォロワーシップの関係性

野口　人の育て方の難しさみたいな話もありますね。

大江　ＮＡＳＡのチームビルディングというのは、そのままのタイトルで書籍にもなっていますし、組織づくりの参考になさっている方も多いのではないでしょうか。実際にＮＡＳＡで働いて見てきた上で感じたいいところを教えていただけるとありがたいです。

野口　チームビルディングはアメリカ人が好きな分野なので、系統立てて教えるし、教育もします。それを見ていると、アメリカ人だからチームビルディングが得意なわけではなくて、それを大事だと思って訓練しているから上手なんだと思います。

生まれながらのリーダーはいません。生まれながらにしてリーダー向きの人というのはもちろんいるんですが、きちんと教育を受ければ誰でもいいリーダーになれますし、チームメンバーになれるし、それ以上に大事ないいフォロワーになれるんです。

チームの中のほとんどはフォロワーです。日本の場合には、リーダーになることに苦手意識を持っている人が多いこともあってリーダーシップ論のようなものが多いんですが、チームビルディングの基本は、いかにいいフォロワーを作るかというところにあります。

　とくにアメリカの場合には、スクラップ・アンド・ビルドで、まっさらの状態から、ある日ポンと呼ばれて新しいプロジェクトが始まるという『アベンジャーズ』みたいなことが実生活によくあるので、そういうチームビルディングは非常に上手です。

　チームビルディングに関しては、組織の成長過程を五段階に分けたタックマンモデルという手法がよく使われています。まず第一段階が形成期（Forming）。チームを作ったばかりの時期で、メンバーの顔と名前が一致する段階です。アメリカの場合にはチームにまずリーダーがいて、主にその人がメンバーを招集します。そしてメンバーの顔と名前を覚え、リーダーが「我々のミッションはこれだ」と伝えます。

　トップダウンで命令が下って、もし均一な組織でみんなが同じことを考えている集団であれば、そこからすんなりと活動が始まりますが、メンバーはそもそもが寄せ集めの多様性に満ちたメンバーで、やっていることも考えていることも違う。必ずしもリーダーの思っているとおりには動かないという前提です。

　ですから、その次、第二段階に混乱期（Storming）が訪れます。多様性に満ちたメンバーたちは、リーダーの示した方針に対して、当然、しかるべき反論をします。メンバー同士でも意見の違いがあるし、リーダーに対しての要求もある。この混乱期をいかに乗り切るかが大事です。一番やってはいけないのが、リーダーがその混乱を抑える方向に向かうことです。

たとえば、日本で5人でチームを組んで明日から頑張ろうということになって、翌日の朝に課員Aと課員Bが言い争いをしているところに課長が来たら、最初に言う言葉は何でしょう。「まあまあ、抑えて」ですよね。

大江　「まあまあ、抑えて。とりあえず」。まずそういう展開になりそうです。

野口　けれどもそれはよくないやり方であって、そこは「何が問題なんですか」と聞くのが正解です。話を聞いた上で「Aさんの意見はこう、Bさんの意見はこう」と明確にする。多様性があるチームであれば、見方が違って反応が違うのは当然のことですから、まずはそれぞれの言い分を聞いてあげるのが受容性、インクルージョンです。

時によっては、そのうち二人の意見が一致して、リーダーに向かって「よく考えたら、リーダー、お前の言っていることがおかしい」と詰め寄る可能性も大いにある。それぞれのスキル、見地、方向性で意見を戦わせた上で、建設的な批判、評価をリーダーに上げるというボトムアップのスタイルですね。ですから、第一段階、第二段階で、トップダウン、ボトムアップとコミュニケーションの方向が真逆になることもあります。

それを受けてどうするかが、ある意味、リーダーの度量になってくるわけです。彼らの批判を理解した上で、はじめに出したのとは違う施政方針演説をしなくてはなりません。Aさんの意見に対しては「確かにそのとおりだった」「その視点は私には欠けていた」「だから、新しい方針としてこれを入れます」と対処したり、Bさんの意見に対しては「Bさんの言っていることはわかるけれど、それはもう私はすでに考えた上でこれをやっている」「これはBさんからするとそうかもしれないけれども、私の過去の事例ではこれはこうすれば対応できるので、申し訳ないが私のプランどおりやらせていただく」というように対処したりします。メンバーも意見を言ってすべてが採用されるわけではないけれど、少なくとも意見は聞いてもらっています。聞いてもらってインクルード（受容）されているけれども、必ずしもモディファイ（修正）されるわけではないということです。

そして、次の第三段階では、もう1回、方針がトップダウンで降りてきます。この時は、混乱期にみんなの意見をきちんと吸い上げているので、はじめの形成期とは似て非なるものになっています。すると、ここにおいてだいぶメンバーのベクトルが合ってきます。

大江　それが統一期、ノーミング（Norming）ですね。ここまで至ると、いいチームワークが生まれるようになるのでしょうね。

野口　多様性に満ちたチームがしっかりと受容されて、チームとしての統一性があって、効率がぐっと上がってくる。その次、第四段階は機能期（Performing）で、チームとして成熟して成果が上がるという状態に到達します。そして最終的に、散会期（Adjourning）と続きます。これが、チームの成長モデルです。

ここで大事なことが二つあって、一つは、チームづくりにはリーダーも大事だけれど、それ以上にフォロワーが大事だということ。チームメンバーがいかに能動的にチームづくりに関わっているかというところが重要です。

もう一つは、そもそも多様性、ＤＥＩを前提としてチームを作るべきだということです。ＤＥＩのＥは公平性（Equity）なので、チームメンバーに能力の優劣がある場合はリーダーが必要なアシストをしてあげることが重要です。リーダーの気配り一つでチームのパフォーマンスが向上することもあります。ということで結局、チームビルディングとＤＥＩというのは、極めて密接につながっているんです。

ただし、多様性は必ずしも万能ではない。チームづくりの初期の段階だけを見ると、チームに多様性がなくて均質なチームのほうが、スタートダッシュは間違いなくよかったりするんです。

大江　混乱期の段階を飛ばして、それぞれがぶつかることなくすんなりとミッションに入ることができるわけですね。

野口　日本で言うところのオールド・ボーイズ・ネットワークです。取締役たちが一緒にお酒を飲んでゴルフをすれば、だいたい意見が合うというあれです。でも、それは環境の変化があった時に非常に弱い。なぜかというと、均質なチームはこれまでに経験した過去例や蓄積から導かれる解にオートマチックに対応するのは得意だけれど、見たことがないこと、変化している状況に柔軟に対応していくことができないからです。

多様なチームであれば、そもそも方向がバラバラなのを頑張ってベクトルを合わせているので、メンバーのもともとの視野と得意分野は異なります。だから、どこから横やりが入ってきても誰かが対応できることになっていて、強い。チームとしてのレジリエンス、強靱性がある。ＤＥＩと強靱性はそこでつながってくるんです。

大江　するとフォロワーが大切ではあるんですが、リーダーの寛容性もかなり重要ですね。実際にはかわいくない部下もいっぱいいるはずだと思うんです。あれは嫌だとか、これは違うとか、ワーワー言われた時に「うるさい、もういい」と投げやりになってはいけない。そんなチームビルディングが重要だと思って訓練をしているとおっしゃいましたが、もしかしたら日本は訓練が足りないのかもしれませんね。年次が来たらそのポストにつくということになっているので、リーダーのスキルが必ずしもあるわけではない。

野口　それでも、最近は各社の人事が一生懸命考えるようになってきていますよね。

大江　そうですね。私も、上の立場になるかもしれないということで研修を受けました。新入社員が大学を卒業してすぐ、右も左もわからない状態で入ってくるのを前提とした社員教育、組織づくりは、先ほどおっしゃったように均質であることを前提に行っていたかもしれませんが、最近は、個々の特性はなんぞやというところを考えていますし、ジョブ型雇用を導入するということも増えつつあります。今いる人や新しく入ってきた人たちの特性を生かしてチームを作らないと、やはり組織として勝てないよねというのがわかってきたのではないかなと思います。

日本の企業人はもっと自分を誇っていい

野口　ところで、日本の組織のすごいところは、ＯＪＴという名の無料の技術継承システムにあると思っています。ＯＪＴ、つまりOn the Job Training。日常業務を一緒にこなしながら先輩が後輩に仕事の仕方やノウハウを教えてあげるという仕組みですが、日本でこのシステムが極めてうまくいっているのはすごいことです。まさしくこういうところをちゃんとスキルとして認識しなくてはいけないと思います。

新入社員は、入社試験を勝ち抜いたというだけであって、社会人として常識もスキルもない状態です。まずは仕事の基本を学ばないといけない。そこで上司は先輩社員のだれかを教育係として指名する。指名された先輩社員は内心、自分の仕事だけでも大変なのになーと思いつつ、給料は変わらないのに自分の能力と時間を惜しげもなく使って指導しますよね。

配属された先の上司や先輩が手取り足取り教えるというスタイルは、おそらく徒弟制度からきているのだと思いますが、これが官僚型組織でちゃんと機能しているのはすごいなと思います。

というのも、アメリカの場合は入社すると初日からパフォーマンスを存分に発揮するという前提で採用します。そのため、大学も大学院もものすごく実学に振り切っています。大学の年間の学費が一千万円ぐらいだとすると、それを４年間ローンで借りて大学を卒業して、その代わり企業に入社したらいきなり年収三千万円という世界です。

初日からプロとして動けるという前提で雇うし、そのためのスキルは自分で身につけて入ってきなさいということです。日本の場合にはおしなべて学生は無垢《むく》な状態で入ってきて、それを各社の色に染める。何年かすると、財務がわかるとか人事の責任を持っているとか図面が引けるとか、能力のあるいっぱしの仕事人になっているわけです。アメリカ式で言えば、その間の授業料は新入社員が払うべきものですが、払わなくていいことになっている。このシステムもすごいですが、先輩がそれを教え、人を育てることができるというのもすごいことで、それだけでも十分なスキルです。

だからこそ、定年退職された人が独立してコンサルタントをやるということがあるのだと思いますが、日本ならではの素晴らしいシステムですね。

大江　そうですね。やはり色のついていない人が欲しいと思ったからには、ちゃんと責任を持って教育して会社の色に染まってもらうということなのでしょう。

野口　それも、メンバーシップ型雇用の一つの前提だとは思います。

大江　確かに、日本は職務内容や勤務地などを決めずに雇用してから業務を振り分けるメンバーシップ型雇用がメインです。逆に、欧米では業務内容や勤務地などの条件に沿った形で雇用するジョブ型雇用が多くなっています。ただし、日本でも最近は新卒採用にこだわらなくなってきたので、最初からスキルを持って入ってきた人と、まだまだこれからの人というのが混在しているのが現状で、そこは難しいですね。

野口　確かに難しいですが、給与体系などを見るにつけ、基本的にはメンバーシップ型雇用からそれほど抜け出していないと思うんです。

大江　やはりゼネラリストって、会社には欠かせないと思うんです。日本式では、その組織の隅々を見て会社の全体像がわかっている人が多ければ多いほどいいというわけですよね。

野口　かつてはそれしかなかったわけですが、今は徐々に、中途でスペシャリストとして入ってくる人が増えているとは思います。日本の会社も変わりつつあると思いますが、やはり無垢な状態で組織に入って、その組織の内部のルール、不文律、人間関係を吸収することで育っていくというのが大前提です。だから、そういう組織で育ってきた人が転職するのは大変だろうなと思うんです。

　現場では契約文書を一から作るとか、年度の決算を何度か経験して財務を把握するようなことをしながら一人前になっていくわけですが、それが思ったほど外では使えないという悩みを抱えている人が多い。この会社で習ったことは、この会社の中でしか使えないみたいなイメージです。キャリアの流動性が非常に低いというのはそのようなところにあって、外に出た時に自信を持って「今日からこれができます」と言えないんです。本当はそんなことはないと僕は思うんですが、少なくとも本人はそう感じている。そこをなんとかしてあげたいですね。

大江　うちの会社で面白いなと思うのは、歴代の報道局長が、最初から報道にいた人というより、はじめは別の部署、たとえば営業にいた人などが結構多いということです。報道局は予算を使って取材し、番組を作ります。営業はそのお金を持ってくるのが仕事です。営業でお金を集める大変さをよくわかっている人が報道のトップになってきたわけです。

　番組を一つ作るにしても、そのためにはどれだけの営業の人がスポンサーからお金を集める努力をしているかわかっていると、番組が作りやすくなったりするものです。だから、組織の中でいろいろな部署を回って他のところを経験するというのは、決して悪いことではない。そうやって会社の全体像がわかる人のほうが仕事をやりやすい、うまくいっていることが多い場面を結構私は見てきたと思います。

野口　なるほど。そういうこともありますね。

大江　アナウンサーやキャスターは一つの部署とずっと一緒に仕事をするというよりも、いろいろな部署と仕事をします。報道も知っていれば、制作も営業もありとあらゆる部署の人と接点があるので、いろいろ見えてくるものがあります。全体像がわかる組織づくり、人材育成は有効だと思っています。

野口　いろいろなことを見て、いろいろな人と接して、会社の中にいてもオールラウンドな視点を持って柔軟な対応ができる人というキャリアパスは存在すると思いますし、組織から出てそういうことを目指すというのもありだと思います。そう考えると、組織に残るか独立するかというのはそれほどの違いはないのかもしれないですね。

結局、大事なことはまさに今言ったとおり、何かの仕事をするのに対していろいろな視点、立場が考えられるので、もしかしたらその道一筋でいた人には気がつかない解法があるかもしれない。そういう人材を重用していくことで、チームとして強くなっていくのが多様性。決して、独立、起業だけが正解ではないということです。

チームビルディングに生かすMBTI型コミュニケーション

大江　半径5メートルの人間関係で言うと、宇宙飛行士は、まず、一緒に宇宙に行くメンバーが選抜されるわけですね。きっと上の人たちが、「このチームなら相性がいい」とか、「このチームならそれぞれの特性を生かせそうだ」と判断して、3人とか4人を選抜すると思うのですが、どういうところを見てチームづくりをしていたのでしょうか。野口さんは主に選ばれる側であったわけですが、選ぶ側になったこともあるんですよね。

野口　はい。おっしゃるとおり、チームづくりは非常に神経を使ってやっていると思います。ただし、完璧なメンバー選びはありません。だから、どのチームも必ず寄せ集めから始まります。英語でピックアップ・クルーと言うんですけれど、要は「お前とお前とお前」みたいにピッ、ピッと選んでとりあえず呼んできたみたいなところから始まります。実際にはそのピックアップする時点で相性を考えたり、多様性という意味である程度違った方向を向いたメンバーを揃えたりすることは考慮されますが、それでも所詮は寄せ集めです。結局、その寄せ集めをいかにドリームチームに仕立て上げるかが、まさしくチームビルディングです。

大江　その秘訣《ひけつ》を知りたいです。

野口　チームの作り方のレシピみたいなものはあります。その一つ一つは何なのかというと、結局はコミュニケーションになるわけですね。

大江　突き詰めるとすべてはコミュニケーションになる、と。

野口　必ず、「じゃ、最後はコミュニケーションだよね」と言って、みんな「はい、明日からコミュニケーションをよくします」と言っておしまいになるのですが。

大江　でも、それでうまくいけば苦労しないですよね。

野口　先ほど、チームビルディングの方向性の話をしました。トップダウン、ボトムアップみたいな話ですね。それももちろんありますし、もう一つ、NASAで僕が習ってよかったと思うのはMBTIという性格タイプ分析です。最近、日本でもはやっていますね。

要は、外向的か内向的か、感覚型か直感型か、思考的か感情的か、規律を重視するか柔軟性があるかという四つの軸を基準にして、人間の性格を16種類に分けるというものです。決して万能ではないですが、ある程度自分の性格を知ることができます。そのタイプ分析をNASAでも20年前にやっていました。あれで、僕が一番大事だと思ったのは、コミュニケーションに求めるものは何なのかというところです。

今はタイプ分析の話ではないので、ものすごく簡略化して紹介しますね。この16種類は大きく分けて4種類になります。一つ目は、アイデアが豊富な「発明家」という分類です。自分の中にいろいろなアイデアが湧いてくるタイプで、別名、天才型です。この人はとにかく自分の中でいろいろなアイデアがあって、それを人に伝えたいと思っています。

二つ目にこれに相対する形で、実務型の「番人」があります。またの名は秀才型ですね。

この人たちは、成果を出すことが大事です。先ほども触れた官僚の成功の反復に近いですが、この人たちにとっては、自分のやっていることが成功し続けることが非常に大事です。「発明家」タイプはアイデアが大事、「番人」タイプは成果が大事ということで、ちょっと観点が違うんです。

三つ目は、調整役になる「外交官」タイプです。この人は、合意をとることが非常に好きです。いろいろな人がいる中でその関係性を見て、合意点を見つけるということですね。

最後が理系によくあるタイプのデータ屋さん、つまり「解析係」です。この人たちは正確さが何より大事で、正確なデータが欲しいと思っています。それに基づいて、正しい解析方法によって必ず正解を出してみせると考えています。

大江　近くにいる人を思い浮かべて「あの人はこのタイプだな」と当てはめてみたくなります。

野口　ＭＢＴＩはその４タイプの中でさらに四つに分かれて全部で16種類に分類されるのですが、実際には４タイプぐらいの分類で考えたほうがわかりやすいですね。

つまりこの世の中は、アイデアをいっぱい持っていて、そのアイデアを伝えたいという天才型の「発明家」、実際に業務を回していくのが得意な秀才型の「番人」、合意に持っていくのが得意な調整役の「外交官」、正しい理論が大好きなデータ屋さんの「解析係」によって成り立っているという具合です。

チームの中で「コミュニケーションが大事」となった時に、それぞれが何を求めてコミュニケートしているかというのがタイプごとに異なります。まず天才型の「発明家」は自分の考えを伝えたくてコミュニケートする、つまり自分が持っているものを外に出すためのコミュニケーションです。一方、秀才型の「番人」は、成果を上げるために方向を伝える、あるいは、成果を上げるために必要な正しい情報が欲しいと思っています。調整役の「外交官」タイプには、自分の考えはありません。ただし、全体の合意をとることが何よりも好きです。データ屋さんの「解析係」は、そのデータがどう使われるか、どこから来たかにはまったく興味がなく、正しい情報を手に入れて、それを提供しようとします。ただし、それによってこの社会が滅びようと誰かが成功しようと、まったく興味がないということです。

ですから「外交官」が中心になってコミュニケーションをすると、合意点を探ることにすべてを費やしてしまいます。一見うまくいっているようにも見えますが、この人自身は何も考えていません。「番人」は、自分のやり方で周りを働かせることにコミュニケーションを使います。

「番人」タイプの問題点は、時々「発明家」から新しい考えをもらってアップデートしないと、成功の反復と言いながらも、その成功の反復が徐々に劣化していくことです。明日も今までと同じ成果を得るためには成功の反復が一番の近道ですが、反復する成功はやがて劣化するというジレンマがあります。

データ屋さんである「解析係」は自分からは動きません。正しい方法を聞かれたら教えてあげるし、静かにいろいろな情報は集めています。

大江　タイプごとに、コミュニケーションに求めるものが違うということですね。

野口　例題で考えてみるとわかりやすいかもしれません。たとえば農場にこの４タイプの人がいて、来年の作物を育てる計画づくりをしていると考えてみましょう。どんなことが起こるかと考えてみると、「番人」は、去年までと同じやり方で今年も同じようにお米がとれるはずだから同じようにやれと言います。「発明家」は、こんな新しいお米の品種があるらしい、新しい手法を取り入れればもっとうまくいくというアイデアを展開します。「解析係」は、その新しい品種の情報も天候の情報も自分たちの農場の土の情報も全部知っているけれど、聞かれなければ何も言いません。「外交官」は何も知らないし、何も勉強しないけれど、みんなの合意を求めることに注力します。それぞれ、コミュニケーションに対して求めるものと方向性が違っているのです。

では、どうすればうまくいくのでしょうか。リーダーがどのタイプかにもよるのですが、日本の場合には調整役の「外交官」がものすごく多い。リーダーと言いつつ「どうする、どうする」となる人が多いのはそのせいです。なぜかというと、和をもって貴《とうと》しとなす、調和することが同調社会の一つの特徴だからです。みんなが合意していることは、「外交官」にとっての最上の喜びであり、行動指針です。

「番人」は、これでやれば成功は反復すると考えます。世の中にはもっといいアイデアがあるかもしれないけれど、そんなことはしない。去年やったやり方でうまくいくんだから、新しいものを取り入れる必要はないとなります。

気をつけないといけないのは、「番人」と「外交官」、つまり実務型と調整役が手を取り合ってしまうと成果至上主義に陥りがちになるということです。日本の会社にありがちなことですが、検査偽装のような社内不祥事は、成果第一主義と綿密な合意形成が癒着して生まれるんです。成功の反復と言われたらなかなか反論できない上に合意形成が上手なので、その方向に会社組織は進んでしまうんですね。

そしてご想像のとおり、アメリカ人には「発明家」が結構います。それ以上に多いのはイタリア人で、うまくいく時もあればうまくいかない時もある。なぜかというと、彼らの行動指針には成功の二文字がないからです。成功することが大事なのではなくて、アイデアが大事。するといろいろな分野で独創的なものが生まれて、もちろん成功することもあります。でも、成功すること以上に独自性、新規性が大事なんです。

大江　面白いですね。アメリカの「発明家」タイプで言うと、イーロン・マスク氏は「発明家」でしょうね。

野口　そうです。明らかにカリスマで、協調性が極めて低い。よく言われるのは、そもそもその組織の成功に寄与していないだろうということです。そう考えると分が悪いわけですが、やはりそういう人がいないと反復したいと思っても成功モデルの劣化を止められない。

大江　スペースXは、クルードラゴンをはじめ、インターネットサービス衛星のスターリンクなど本当に多くのロケットを打ち上げ続けていますよね。その事業はすっかり軌道に乗っていて、NASAにとっても欠かせない存在になっています。

野口　ボーイングが失敗したこともあって、今はそうなっていますね。表にはあまり見えてこないのですが、イーロン・マスクを取り巻く人たちがしっかりしているんです。

大江　つまり、彼のアイデアを具現化する人たちがたくさんいて、そこがうまく機能しているということですね。

野口　彼だけでは、会社をつぶしてしまったのではないかと思います。実際、最初の5年ぐらいはずっと赤字だったわけですから。強力な実務派がついていることが成功の要因です。「発明家」と「番人」がうまくコミュニケートできた珍しい例と言えるのではないでしょうか。一方、「番人」タイプだけに近いのがボーイングです。

大江　組織をそうやって考えてみると面白いですね。

野口　どのタイプでもリーダーになることはできます。日本人には調整役になる「外交官」タイプのリーダーが多いし、アメリカ人は「番人」タイプが多くて、「解析係」はドイツ人に多い印象です。

実際には、何を求めてコミュニケートするかは十人十色なので、一人一人に合わせてコミュニケートするのが理想ですが、それぞれに合わせるのは大変なので、これぐらいの分類でざっくり理解しておくとわかりやすいのではないでしょうか。スペースXは4人乗りですし、3人乗りであっても、なんとなくこういう感じでバランスが取れるといいですね。宇宙飛行士に限らず、成功するチームは自然とこんな感じになっています。以前、ゴレンジャーというのがありましたね。

大江　はい。『秘密戦隊ゴレンジャー』。１９７５年から放送された特撮テレビドラマですね。

野口　ゴレンジャーは赤、青、緑、黄色、ピンク。そういう意味では、戦隊ものみたいなものもメンバーのバランスが取れているのではないかと思います。だいたい、一番のお兄さん役が秀才型の番人で、ちょっと跳ねっ返りの天才型がいて、真ん中にいてみんなをまとめる係と、冷静に分析する係がいる。ゴレンジャーだと、そこにヒロインが一人いるという感じですね。

大江　カレー大好き、ムードメーカーのようなキレンジャーもいますね。これが調整役になるのかなと思います。スペースXのクルーの場合、野口さんはどのタイプなんですか。

野口　僕は発明型になると思います。船長のマイケル・ホプキンスさんは番人タイプでした。そして、シャノン・ウォーカーさんは意外に冷静な解析屋さん。ビクター・グローバーさんは、決して自分の考えがないとは言いませんけれど、調整役として非常に有能で、かつ、ムードメーカーみたいなところもありました。

話が少し脱線しましたが、このタイプ分析というものが、日本では相性診断のように見られていますが、コミュニケーション戦略として、集団の中で個々人が何を求めてコミュニケートしているのかという方向性を知るためには、かなり役に立つと思います。

争いを避けたがる日本人のコミュニケーション不全

大江　クルー同士で衝突することもありましたか。

野口　もちろんあります。先ほどのタイプ分析に当てはめて言うと、アイデアマンの「発明家」と実務派の「番人」の衝突、すれ違いはかなり起こりやすいですね。逆に「外交官」は持論がなく合意点を探っているだけですから、周りと衝突することは非常に少ないと言えます。「解析係」は、正確さだけが大事なのでそもそも争う意味がない。正確な方針がわかっていても言わないし、大事なことを伝えてチームが動かなかったとしても別に構わないという感じです。

大江　何かおかしなことが起こった時に、「それ見たことか」とか言ってる人でしょうか。

野口　あるいは、まったく何とも思わないかですね。いわゆるサイレントモニターになりがちではあります。けれども、本来はどのタイプもチームとしての成功には必要です。

大江　では、半径5メートルの人間関係で悩んでいて、そこさえクリアできればうまくいくのにという人も組織の中にはいると思うんですが、そうなった時に何が大事なのでしょうか。上の人がそれを見ていて、適切な配置換えをすることが大切なのか、それとも、一度とことんぶつかることが大切なのか。

野口　そうですね。とくに、日本の組織にはぶつかるという解はないのではないかと思うんです。

大江　争いごとや衝突はできるだけ回避しようとするということですか。

野口　それは、争いをしたくない、そして仲間同士の争いを見たくない、表面化させたくないという文化があるからでしょう。それがチームビルディングの最大の障壁だと思います。

大江　確かに争いは避けたとしても、没交渉になって目も合わせなくなってしまうようであれば、チームが成立しません。

野口　そうですよね。ですから、組織の機能不全は、どうやったら避けられるんでしょう。いかないといけないんですね。コーチング理論のようにそっと背中を押してあげるという、いわゆるナッジ（nudge）ということです。それが多分、一番の正解なのでしょう。

昔のように頭ごなしに言うのは当然ダメです。コンプライアンス上ももちろんダメ。寄り添って導いてあげるというような感じです。けれども本当に大事なことは、悩んでいる人に対して、たいていの場合は部下や後輩になると思いますが、何が悩みのもとなのか、つまり収入なのか、成長性なのか、生きがいなのかを聞いてあげることです。だいたいはそのいずれかが問題だと思うので、どこで止まっているのかを一人一人に寄り添ってリードしてあげることが必要なのかなと思います。

大江　結局は、１対１のコミュニケーションが大切だということになるんですね。

野口　かつては上司と部下において「報連相」、つまり報告、連絡、相談が大切だとされてきました。僕も新入社員の頃には「報連相を徹底しろ」とよく言われたものですが、今の若い社員はプレッシャーと感じているのではないかと思うんです。

というのも、この報告、連絡、相談というステップ自体に問題があって、一つはそれが上司目線によるマイクロマネジメントだということです。細かく干渉しすぎになって、若い社員は任せてもらえていないと感じることが多い。今の時代は、明確な指示を最初に与えて途中段階は任せてほしい、その代わり、最後の責任は上司にとってほしい、というのが理想像なのでしょう。上司からすると、そんなムシのいい話があるかとなりますけれど、そういうスタイルにしないと今の若い人たちはすぐに辞めてしまいます。

辞める側も想像力が足りないところはもちろんあると思いますが、上司の側にも課題があります。先ほども話に出ましたが、実務で成果を上げて、ある年齢になったらオートマチックにそのポジションにつくことが多い。となると、本来、リーダーになる前に必要なコミュニケーションスタイルやチームビルディングの方法、フォロワーシップ、リーダーシップに関してのスキルを身につけるのがいいわけですが、それを身につける機会がないままリーダーになってしまうことがまだまだ多いわけです。

そんなマネージャーの人たちに多いのが、マネージャー自身が動いてしまうことです。プレイングマネージャーという感じですね。それまで実務部隊として極めて優秀だった人が上司になって、本来は業務を部下にやらせることが仕事のはずなのに「もういい、俺がやる」みたいに自分でやってしまう。そうなると、その人は一層忙しくなる一方です。

大江　確かに今、中間管理職は求められることが多くて、ものすごく忙しくなっていますね。

野口　コンプラ研修や、若手の育成、「パーパス経営」のために経営戦略を理解することなど、いろいろなことが中間管理職に拠《よ》ってきています。

大江　そうですよね。それなのに、ほとんど賃上げの対象にはなっていない。

野口　昇格したら残業代がなくなって給料が下がるということもありますね。

大江　ただ働きが増えるという思いを持つ人もいるでしょうね。

野口　ミドルマネジメント、中間管理層に極端に業務が集まって、給料は上がらず、なおかつハラスメントの対象になりうるということですから、その姿を見ていると大変だなと思います。そんな境遇なのに、若い人たちが「自分のことを見て」と言ってくるとなると、「いや、ちょっと自分で考えてみたら」って僕は言いたくなります。

大江　チームビルディングのための心がけとして、私はＮＡＳＡでアポロ計画の時のフライトディレクターだったジーン・クランツさんの仕事の10カ条が大好きなんです。１９７０年のアポロ13号はトラブルが起きて地球へ帰還できるか危ぶまれました。その時、運用の責任者であるフライトディレクターだったのがジーン・クランツさんで、チームをうまく率いて無事地球に帰還することができました。その彼が大切にしていた10カ条です。

Be proactive ―― 積極的に行動せよ
Take responsibility ―― 自ら責任を持て
Play flat-out ―― 目標に向かって脇目を振らず、速やかに遂行せよ
Ask questions ―― わからないことは質問せよ
Test and validate all assumption ―― 考えられることはすべて試し、確認せよ
Write it down ―― メモをとれ
Don't hide mistakes ―― ミスを隠すな

Know your system thoroughly ――自分の仕事を熟知せよ
Think ahead ――常に先のことを考えよ
Respect your teammates ――仲間を尊重し、信頼せよ

野口　これは本当に素敵な教えだと思います。このようなカリスマ的なチームビルディングが徐々になくなってきているというのは感じますね。では、天才のイーロン・マスクがスペースX社内でどういうことを言っているのかというと、彼も結構似たようなことを言っているんですよ。あまりオープンにはなりませんが、社内で標語のようなものを出しています。やはり組織を引っ張って、改革していくのは、こういう「発明家」的な人なんだろうと思います。そして繰り返しますが、組織として成功するためには、発明家を支える成功請負人である「番人」も大切なんです。

第5章

宇宙から帰って
地上でどう咲くのか

ＪＡＸＡを退職した後、これまでの経験を生かしながらますます活動の幅を広げている野口さんは、宇宙関連の仕事に加えて、研究活動にも意欲的に取り組んでいます。

組織を離れて自分らしさをさらに発揮し、今の状態に意欲を感じているという野口さんと、組織の中だからこそ発揮できる自分らしさを実現して、今、ニュースキャスターとして理想的な働き方ができていると実感する大江さん。それぞれ、これから何を目指し、社会へ向けて発信していくのか。

お二人の経験は決して個人だけのものではなく、今を生きる人々に共通する課題と解決への糸口につながるものがあるはずです。今、息苦しさを感じている人たちへ向けて、お二人が熱いエールを送ります。

あの時ＪＡＸＡを飛び出して本当によかったのか

大江　さて、そうなってくるとＪＡＸＡを飛び出した野口さんが、本当によかったと感じていらっしゃるのか、人生がどう変わったのかをお聞きしたいところです。

野口　先ほど、辞める前に感じていた三つの問題点の話をしました。一つは、評価軸が会社に握られていること。給与もチームも、業務内容、勤務地も、全部組織に握られているという不条理感です。二つ目は、ＪＡＸＡはとくに官僚的なところのある組織ということもあって、いわゆる無謬性の原則と成功の反復という二つの行動原理から、集団に対する個人の埋没感があること。三つ目が、結局、自分がやりたいことができないということでした。

では、今どうなっているかというと、評価軸は自分にあって、自分が大事だと思うことをやっています。自分のスキル、個としての特徴みたいなものを見直して、それを得意技として出すこともできています。そういう意味では、組織を離れてよかったなと思っています。

ただし、集団への帰属感というのはやはり大事だと改めて思いました。集団とつながっている感覚が失われていたら苦悩していたかもしれません。

大江　今、野口さんは国際社会経済研究所のＣＴＯ（最高技術責任者）、立命館大学の学長特別補佐、東京大学特任教授などの任についていらっしゃいますね。そのような組織とつながりを感じられているということですか。

野口　そうですね。今、組織に縛られることなく、帰属していられる感覚というのがとてもありがたいと思います。僕の場合には幸い、CTOとしてAIや量子コンピューティングなど最先端技術に触れることができるし、大学で学生たちという若い層ともつながっているし、脱炭素などの社会課題研究テーマではさまざまな分野の人たちとつながることができて、とてもよかったと思っています。

若いうちにひと財産作ってアーリーリタイアするFIREというような生き方も話題になっていますよね。財産があり、生活が安定していて、日々やりたいことができるという意味では夢のような生活に感じられますが、集団への帰属感がないと我々日本人の場合には続きにくいのではないかと思います。僕の場合、その他にも著作や講演、メディア出演で、発信力という得意技も使えているので、いくつかの違った帽子をかぶり分けながら、社会ともしっかり接点を持ちつつやりたいことができているかなと思っています。

繰り返しますが、一つの組織に所属したまま、やりたいことができる人生もありますし、伝統的な日本人の価値観としてはそちらが正しい生き方と言えるでしょう。けれども僕の場合には、組織をいったん離れることで、異なる役割を並行して行えるようになってうまくいったと思います。

　そうしてみると、とくにテーマとして燃え尽きを扱っていたということもありますが、いろいろな組織や企業の人たちと接する中で、今のミドルマネジメントの人たちが抱えている悩みや閉塞感はよくわかるし、なんとかしてあげたいなという思いがあります。

　それをポジティブにまとめるとすると、一つは、とくに定年前後ぐらいで悩んでいらっしゃる方々には、みなさんが思っているよりあなたたちは有能だと言いたい。ちゃんと自分のスキルを見極めて棚卸しをすれば、十分外に出せるし、まだまだ売り物になります。スキルを持つということと同じぐらい大事なことはそれをマネタイズするということなので、売り物になるという見極めはもちろん大事です。単に好きなことだけではなくて、それを世間に売っていける、あるいは、社会貢献に使えるという意識は大事だと思います。売り物になるスキルは必ずあります。だから、そこはきちんと見ていきましょう。

　そして今、日本の会社は、ミドルマネジメント（中間管理職）への責任の押しつけが極端に厳しい。下から突き上げられ、上からは怒られ、そのわりに報われないんです。

大江　そうですね。本当に見ていて大変そうです。

野口　入社3年目ぐらいまでの早期離職が大きな社会問題になっていますが、ミドルマネジメントが疲弊することのほうがよっぽど問題ではないかと思います。もちろん、会社の採用戦略からすると新入社員が辞めるのは問題です。かなりの費用をかけてリクルートしているので、入社式の翌日から来なくなるというのは困るわけです。

けれども、組織内のいろいろな業務を経験してこれからその成果を出してもらうべきミドルマネジメントが、毎日のように上から降ってくる新しい経営方針を理解し、部下に伝え、コンプラ研修をやり、ハラスメントの相談を受け、大量のメールと会議をさばき、と過酷な状態に陥ってしまうのは問題です。そこをもう少し助けてあげることができないかと考えているんですね。その状態が厳しそうだから私は管理職にはなりたくないという声が出るのも当然なので、そこは変えるべきだと思います。

大江　本当に大問題ですよね。これから企業の幹部候補になりうる有能な人たちが、もうノーサンキューだと言って出ていくとしたら大きな損失です。

野口　管理職になった時に、その激務に見合うような明確な昇給があり、現業に煩《わずら》わされることなく部下の人たちにきちんと向き合える時間があって、チームビルディングやコミュニケーションなど必要なスキルをしっかり学ぶ機会があればいい。数日間の形だけの管理職研修で終わらせるのではなく、ちゃんと身につくような仕組みがあるとだいぶ違うのではないかと思います。

繰り返しますが、日本の会社は、営業力にしても決算のような財務の能力にしても、技術力にしても、本気になれば社内で伝えていく仕組みが今でもあるわけです。それなのになぜかマネジメント研修などもしないで、時期が来たら理不尽な労働増とともに管理職になってしまっている。そこをなんとかしてあげられないのかと思います。何年か管理職をやっているうちに自然と身につくものだと考えているのかもしれないけれど、必ずしもそういうものではないんですね。

大江　そうですね。リーダーシップの訓練と、リーダーになった人への正当な対価があるかどうかは大切だと思います。そこは日本企業の課題と言えます。そうしないと、社長候補なんて育たないですよね。

野口　まさにそのとおりだと思います。

大江　私自身は、会社の中では専門職、スペシャリスト的な立場なので、管理職とは別のルートにいるのですが、どんな会社でも管理職になりたての人が困りがちなのは、管理する立場ではあるけれども決定権がない、ということのように思います。

野口　ああ、なるほど。それは厳しいと思います。

大江　管理をする責任を負わせるのであれば、ちゃんと決定ができるようにしないといけないですよね。嫌なこと、面倒なことだけ押しつけられていると感じる場面が続いてしまうと、その人が疲弊して、クリエイティブな気持ちにならなくなるのがもったいない。やはり、組織として管理者にどれだけ決定権を渡せるのかは大きな課題ですね。大きな組織になればなるほど、そういう場面も多いかもしれません。

野口　確かに、日本の中間管理職には、人事評価権はあるけれど人事権がない、予算権がないというのは結構厳しいと思います。僕が知っているアメリカの組織はＮＡＳＡとスペースＸだけですが、どちらも、自分の部署の採用権はあるわけです。

大江　そうなんですね。

野口　だから誰を採るか、もうちょっとはっきり言うと、誰を切るかという権利も持っています。日本の場合には、こいつはダメだと思って人事評価で×をつけることはできるけれど、その人を解雇して別の人を採用できるかどうかは別の話です。というか、日本の会社はそもそも解雇に関するハードルがものすごく高いですよね。管理職には部下を辞めさせる権利はないし、雇う権利もない。決裁権はあるけれども、事業の決定権がない。しかも、管理職が持っている決裁権はものすごく狭い範囲です。いわば最初に与えられたお財布の使い道だけですから、権利がないのに面倒なことだけ降ってきているという感覚はよくわかります。

大江　そうですね。それなのに、上からああしろこうしろと要求だけ降ってくるともうどうにもなりませんね。

野口　そして、そういう現状を語る場もないと孤独な管理職になってしまうかもしれません。ミドルマネジメントが大変だなというのは、共通意見ですね。

大江　そこに着目してソリューションを提供したいというのは、野口さんらしくていいなと思っています。野口さんは、結局、ＪＡＸＡを飛び出してよかったということですか。

野口　そうですね。そのまま残っていたら、今もまだだいぶ悶々としていただろうと思います。

大江　それも一種のミドルマネジメントクライシス、中間管理職の苦悩になるのでしょうか。

野口　おそらく実業からどんどん離れて、予算をどう配分するかというような仕事が多くなってしまったからかもしれません。辞めた時にはまだはっきりわからなかったことですが、現場作業はしにくくなってきていたようです。

宇宙の未来にいかに関わっていくのか

大江　日本で宇宙に関わることをするには、ＪＡＸＡにいたほうがいいという時代が長く続きましたよね。けれども最近では、日本でも宇宙産業の層がだいぶ厚くなってきました。野口さんは、今後、宇宙にはずっと携わっていくのでしょうか。それとも、ご自身の経験からコンサルタントであったり、発信をしたりしていく側になっていくのでしょうか。

野口　今、ちょっと外の世界を見てみようということで宇宙から少し離れていますが、もちろん宇宙が嫌いになったわけではありません。実際、いろいろなことをやっている中で、世界経済フォーラムの仕事は宇宙技術に関わるものです。いろいろな宇宙企業のみなさんと集まって、宇宙産業においてこれから日本には何が大事で、世界には何が大事で、そこに企業人としてどう関わっていくべきかというテーマでお話をしました。金融機関の方や建設業の方、製薬会社の方など、いわゆる「非宇宙」と言われていた産業の方々を大勢お呼びしたんです。

宇宙のことも経済のこともわかっている人材はそれなりに貴重ではないかと思うので、これからもそういう立場で仕事をしていくことになるかなと思います。

大江　スキルの棚卸しをしてご自身を見つめ直した結果、それができるようになったということですね。では、この先、これがしたいという目標、こういう方向をもうちょっと自分で突き詰めていきたいというのはありますか。

野口　自分の知見を出すネットワークを作りたいと思っています。これまでにももちろん、執筆したり、メディアに呼んでいただいて発信したりすることはありましたが、いわゆる経営層に直接、伝えることのできる場面があるといいなと思っています。結局、日本の場合にはトップダウンで動くことが非常に多くて、なかなかボトムアップで変えられないですよね。ですから、主にＣＥＯの方たちに向けて宇宙の新しい潮流やトレンドみたいなものをお話しするチャンネルがあってもいいかなと思っています。

もちろん、宇宙に行くこと自体も諦めているわけではありません。直近の目標ではないのですが、今、スペースＸやブルーオリジンが進めている有人宇宙飛行事業がどんどん一般化して、日本からも宇宙に行くことになった時には、また、現場作業者に戻るというのも大いにあると思います。

大江　宇宙旅行が本格化していくとしたら、その水先案内人みたいな形になるということでしょうか。

野口　そうですね。車掌さん、でいいと思います。銀河鉄道の車掌さん。いいじゃないですか。

大江　野口さんが車掌さんなら同乗する方は心強いですね。その他に、たとえば当事者研究の分野では、今後どのようなことを目指していらっしゃるのでしょうか。

野口　当事者研究は、もともとは自分の宇宙体験を言語化して自分の中で再構成したいというところから始まったわけです。実際にやってみると、たとえば金メダルを取ったアスリートたちのその後の苦悩みたいな話や、ビジネスパーソンの定年後の落ち込みというところへ広がっていき、やっていて面白いし、いろいろな人の話を聞くこともできて、非常に興味のある分野だとわかりました。

今、研究室としては受刑者の方の社会復帰というテーマで研究しています。それはそれで、聞けば聞くほど難しい問題で、暗くなってしまう話が多いのですが、ちゃんと光を当てていく必要があるところだと思っています。

けれどもその半面、これまでの話をひっくり返してしまいそうで怖いんですが、このような失敗学のような話は、他の例を聞いて参考にしようとしてもなかなか応用できないことが多いのも事実です。他社の例を単に真似るだけでは決してうまくいかないという組織の現実も感じています。

自動車会社の検査偽装みたいな話も、現場へのノルマ押しつけが厳しいと、成果を出すため、あるいは納期に間に合わせるためにというような目的で、内部でのちょっとした口裏合わせがいつの間にか恒常化して、後戻りできないようなところまでいってしまう。それを調整役がひたすら合意、合意でやっていくと、もう組織隠蔽《いんぺい》まっしぐらです。そんな事例を聞いて、気をつけましょうとなったからといって、そういうことがなくなるというわけではありません。

当事者研究はもちろん大事だし、面白いし、多くの人の役に立ってほしいと思ってやっていますが、単に他社の例をコピペしてそのまま流用するだけでは決してうまくいかないんです。

A社でこういう事例がありました、あるいはオリンピックの選手の誰々さんでこういう例がありましたとなっても、それをそのまま自社の定年退職組に使えばいいかというと、結局いろいろな違いがあるわけです。表面ではなくて内容をしっかり理解して、自分のものにして、初めて流用ができるわけです。

すべての会社、すべての個人は、それぞれが「特例」です。だからといって、「我が産業はちょっと特殊だから」とか、「我が県はちょっと他とは違うから」と言い始めたら、すべてが違うことになるので何も参考にできなくなってしまいます。それでも、他社の例を自分の中で咀嚼《そしやく》して、自分のものとして理解して応用できれば活路はあると思います。そこが今、難しくて非常に苦労している部分です。

オリンピックの選手でも、たとえばバレー選手の誰々さんはこういう話をされていましたと言っても、いやうちの競技団体は違う世界なので、と言われてしまうと困ってしまうんです。もちろん違うところもありますが、子どもの頃から一つの競技をずっとやってきて、銅メダルの次が銀メダル、銀メダルの次は金メダル、日本選手権の次はオリンピックというような環境の中にいるのは共通しているわけですよね。そして、それがなくなった時に何を感じるかということが大事だということに想像力が働くか、自分のこととして考えた時に、ああ、それはつらいなと思える共感力が働くかという話になってくると思うんです。応用できるようにならないと、単なる「酒のつまみになる話」で終わってしまいかねません。

大江　そうなってしまうと、本当にもったいないですよね。

野口　燃え尽きの話とか、宇宙飛行士が挫折した話なんて、みんな大好きなんです。でも、話として面白いだけじゃ意味がなくて、それを参考に自分のこれからの人生をどうしようか、自分のところの再雇用者の人たちをどうしようかという方向に生かしてほしいわけです。

大江　他人の例は他人の例だ、他社の例は他社の例だと言ってしまったらもうおしまいですものね。うちは特殊だから、で終わらせない。そこにどう共感力を働かせるかというところを考えていかなくてはなりませんね。

今の時代の格好いい生き方とは

野口　大江さんは、この後どのように進んで行かれるのでしょうか。それこそ視聴者としては、毎日決まった時間に見ていたいという気持ちは当然あるわけです。けれども、番組を続けることで無理をされることもあるかもしれませんし、何が理想なのかなと思ったりします。

大江　私は、やはり現場に足を運びたいという思いが強かったんです。今、金曜日にはスタジオ出演をしていますが、それ以外の日は約１週間かけて一つの問題を深掘りする取材をしています。そしてそれを金曜日に放送するという形にしましたので、ちゃんと現場に足を運べていますし、それをスタジオでみなさんにお伝えすることもできるので、充実しているんです。せっかく自分の理想とする働き方ができているので、この働き方を大切にしたい、これを極めたいと思います。そして、ニュースって、ニューなわけですから、毎日、本当に「えっ⁉」と思うことがたくさん起こるんですね。それに対処していくので精一杯なので、

「今」にものすごく集中している感じはします。マインドフルネスと言えばマインドフルネスなのかもしれません。

野口　なるほど。今、目の前で起こっていることをどうするかに集中するマインドフルネスの状態ですね。

大江　デイリーのニュース番組で週1の出演というスタイルは珍しいと思いますが、こういう働き方を提示してくれた会社は、とても柔軟だと思いますし、ありがたいことだと思っています。きちんと話し合って決められるというのはとても素晴らしいことで、こうしてください、型にはまらないのであれば出ていってくださいというような雰囲気だと長続きさせるのも難しいのではないかなと思いました。

野口　そう言われている人は多いと思いますよね。

大江　そうであればもったいないですよね。どういう形ならここにいられますか、どういう形なら理想の働き方ができますかというのを会社がまず聞いてくれた上で、じゃあ、これならいけるねという落としどころ、合意点を見つけられるといいですよね。私は常にそういう話し合いができてきたので、ＷＢＳも11年続けてこられたのかなと思っています。

でも、私は組織の中の人間として、ちょっと新陳代謝のことも考えるんです。スペシャリストがそこにずっと居続けるというのはいいと思うんですけれど、次に育ってきたスペシャリストの居場所をどうするかという問題もある。次の人の活躍の場を作りたいという思いも強いので、週の月曜日から木曜日までは次の人に任せて、私は金曜日でというスタイルがとてもいいと思うんです。後進をちゃんと育てるというか、育ってもらうために出番をしっかり確保して場数を踏んでもらって、自分も希望の働き方ができるという意味では、今、とても理想的ですね。

野口　なるほど。今の働き方が理想と言えるのはとても素敵です。

大江　「これなら続けられるな」と後輩に思ってもらえるような働き方を示せるとよいなと思っています。人それぞれ考え方も全然違うし、単純な話ではないのかもしれませんが。

野口　僕は大江さんの生き方を見てものすごく格好いいと思うんです。というのも、アナウンサーという職業も、30歳限界説みたいな話も昭和時代にはありましたし、いろいろな意味で新陳代謝が激しいのではとお察しします。けれども、大多数の人が組織を出る結論を出す中で、組織の中にいて自分の思いや感じていることを言語化することで道を切り開くことができるという、いい例だと思うんです。

先ほど、大江さんの話を聞いて反省したことがあります。僕は会社を辞める時、キャリアパスを握られているとか、思った仕事ができないとか、集団の中に埋没したみたいな感じで悶々としていたわけですが、大江さんの話にハッとしたんです。僕の時も、上司は「じゃあ、野口さん、何がしたいの」と言ってくれていたんですね。けれども、その時の僕はさっき話したようなことを言語化できなかったんです。「もう、JAXAでの生活は限界だと思う」というようなことを言ったのは覚えていて、上司も「うーん、そうかな」みたいな感じの反応だったんです。これはやはり、僕も上司も言語化が下手だったのだなと思います。コミュニケーションの機会は設けていても、気持ちはお互い通じていなかった。

彼は決して悪い上司ではなくて、僕が何か不満を持っていて、このままではいられないというのを察した上で、「じゃあ、何がしたいの」と声をかけてくれたんですね。けれども、僕はすでに心が閉じていたのでそれに答えられなかった。

大江さんはそんな時に、たとえば少しペースを落としたいとか、じっくり取材がしたいとちゃんと言語化して伝えて、それで状況を突破できたわけです。実は、組織も非人間的な場所ではないので、ちゃんと言語化して思いを伝えて共感してもらえれば、意外に活路はあったのかなとも思うんです。

その時の僕は、もう自分の中で考えて結論を半分出していたことと、出された助け船に乗る潔《いさぎよ》さがなかったということもあって、そこで前向きに話を進められなかったという反省があります。そういうことができるしなやかさって大事だなと、今、話を伺って思いました。自分の考えていること、こうしたいということを、聞かれた時にきちんと言葉に出して表現できるというのは極めて重要な姿勢ですね。

大江　それを、会社が聞いてくれたというのがものすごく大きいことだと思っています。

野口　もちろん、両方だと思います。大江さんの場合、上司が聞いてくれて、大江さんがそれをちゃんと受け止めて対応しているので、正しいコミュニケーションとしてのキャッチボールになっているわけです。ほとんどの場合は、まず上司が聞かないでしょう。また、聞かれたとしても部下もうまく答えられないと思います。僕もそうだったのでわかります。心が閉じていては気持ちは通じない。

そうなるとおそらくコミュニケーションとしては決裂で、ある日突然退職願が出されるということになる。だから、ちゃんと自分の思いを言語化する、伝えようとするのは優しさですね。

大江　心を閉ざしてしまうというか、心のシャッターが下りてしまってからはコミュニケーションが難しいですから、そうなる前にやりとりができるといいんでしょうね。私の場合、それが早い段階でできたから、よかったのかもしれません。

野口　そうか。心のシャッターを閉ざしてしまう前にというのが大事ですね。

大江　私も実は、ちょっと閉じかけたことがあったんです。その時に「ちょっと待て」と言ってくれた上司がいたんです。それが当時、報道局長だった福田裕昭さんです。何が問題で、どうすれば解決するか、働き続けるならどのような形が理想か、しっかり向き合って聞いてくれました。ご自身は役員になっても現場にこだわり番組づくりを続けた後、退社して今は立教学院の理事長をなさっています。それもすごい転職ですよね。福田さんは、かつてNHKを退職したての池上彰さんに会いに行き、「テレ東に出ませんか」と声をかけた人なんです。その後、池上さんがテレビ東京で選挙番組などに携わるきっかけとなりました。

野口　それは素晴らしいですね。

大江　もうお一方、とても素敵な生き方だなと思うのが、以前、一緒にお仕事をしていた政治ジャーナリストの田勢康弘さんです。

野口　ああ、土曜日のニュースを担当されていた田勢さんですね。残念ながら、２０２３年に他界されてしまいましたが。

大江　「政治ジャーナリズムと言えば田勢康弘」と言われるほど政治の世界で有名な方だったのですが、途中からご自分の好きな歌謡曲の世界にどんどん入っていって、最終的にはそちらの活動を主にされていたんです。「心を伝える歌の木を植えよう会」という団体を作って、歌謡曲の歌手を応援したり、自ら作詞家として詞を提供したり、ご自分で歌ってみたりもしていらっしゃいました。

　周りの人に、せっかく築いた政治ジャーナリストとしての地位があるのだから、違う道に行くのはもったいないと言われても、軽やかに歌謡曲の世界へ飛び込んでいかれました。自分の過去に縛られて、それをしなければならなくなってしまうのではなくて、自分の今、好きなものをちゃんと大切にできる。人生の途中でそうやって自分の過去から脱皮して、もう

1回、居場所を見つけられるって素敵だなと思いました。
野口　それは確かに素晴らしい、理想的な生き方ですね。
大江　田勢さんの告別式では、田勢さんが作詞し自ら歌唱した曲「齢《よわい》73」が流されました。棺の中の田勢さんには、これまでの御礼とともに「めちゃくちゃかっこいいですね、田勢さん」とお伝えしました。Amazonの創業者、ジェフ・ベゾス氏が2010年にプリンストン大学の卒業式でスピーチした時、締めくくりに話した言葉がまさにぴったりだと思いました。"In the end, we are our choices. Build yourself a great story."（結局、人生は自分の選択の結果なのです。自分で自分の素晴らしい物語を作っていきましょう）
　自分に与えられた時間や才能、知識などをどう生かし、どう使っていくか。たくさんある選択肢の中からどの道を選び、歩みを進めるか。野口さんがおっしゃるように、人生の棚卸しをすることで自分のリソースを見極め、それを活用しながら自分で納得のいく生き方をしていければいいですね。きっと、野口さんもそういう生き方を選ぼうとしたからこそ、JAXAを卒業なさったのかなと思いますし、だからこそ、もっと自由に好きなものを突き詰めていっていただきたいなと楽しみにしています。
野口　宇宙のことを嫌いになったわけではないのですが、ただそれだけでは物足りない気がしたので、逆に言えばこれからはまた違った形で宇宙と関わっていきたいという思いがあります。いろいろな人に会って世界を広げて、またいつか宇宙業界に戻って恩返しをしたいなと思います。

答えはすべて自分の中にある

大江　スキルの棚卸しのお話はとても納得しましたし、多くの人の参考になると思いました。チームビルディング、弱さの情報公開など、ためになることをたくさん教えていただきましたが、どれにも共通して言えるのが、自分の内面を整理して、一つ一つ言語化して外に出してみるのが大事ということだったと思います。今、自分がどういう状態なのか、何をしたいのか、面倒くさいと思わずに心の中身をほぐしてみようということですね。

野口　そうですね。何に対しても、その姿勢が大切です。そういう意味では、答えはすべて自分の中にあるのだと思っています。

大江　面白いですね。地球から宇宙に出て外から地球を眺めていた、究極の俯瞰みたいな視点をお持ちになった野口さんが、答えはすべて自分の中にあるとおっしゃる。そして今は、人々の悩みの底、個々人の沼の底みたいなところを見つめていらっしゃる。

野口　沼の底。確かにそうかもしれません。各自の沼の底ですね。

大江　あるお坊さんに言われたんです、「蓮《はす》は泥の中から咲くものです」と。野口さんにはぜひ蓮になっていただいて、多くの人たちと一緒に沼の底から咲いていただきたいですね。

野口　なるほど、泥の中から蓮が咲くという考え方はとてもいいですね。

大江　そして、宇宙から沼の底にまで到達された野口さんは、この後どこへ行ってしまわれるのでしょうか。

野口　今、少なくとも自分がなりたい自分を自分でプロデュースするというところでは非常に満足しているので、これからもそういう自分を大事にしていきたいと思います。このぐらいの年齢になると、自分の心と体のことは自分で大事にしていくしかないので、そこはしっかりとケアしていきたいと思っています。

　後は、宇宙飛行士時代にできなかった社会課題に直接向き合っていくことです。脱炭素、自然資本保護、ＤＥＩ。どれ一つとっても難題で解決できるかどうかはわかりませんが、よりよい明日のためにさまざまな英知を結集して向き合っていくという姿勢は大事にしていきたい。そして、これからもっといろいろな新しい挑戦に出合えるかなと楽しみにしています。

大江　宇宙飛行士時代、ずっと切り込み隊長と言われて、常に新たなことにチャレンジをなさってきた野口さんですから、次は何をやってくれるんだろうというのを私も期待していた側ですが、みんなの期待というのが野口さんにとって過度なプレッシャーになっていた可能性もあるなと思っています。

勝手に期待していた人間として申し訳なかったという思いもあるので、これからはそのような他人の目や他人の期待を気にせず、本当に自分のやりたいことを突き詰めていっていただきたいですね。

引退会見の時もつい、「まだまだ余力がありそうな中でどうして辞めるんですか」と聞いてしまいましたし、宇宙に携わっていっていただきたいという思いはありますが、それ以上に、これから野口さんが切り開いていく世界を楽しみにしています。

あとがき

むむむ、どうしよう……。

野口さんに「久しぶりに対談本を作りませんか」と声をかけていただいた時、正直に申し上げると躊躇《ちゅうちょ》しました。というのも、その時点で私はテレビ東京を退社しようと決意していて、そのために動き始めていたからです。しかし退社のことは会社の中でもほんの数人しか知らない状態でしたので、野口さんにも、この本に携わる皆様にもなかなかお伝えすることができず、とても申し訳ない気持ちでいっぱいでした。お断りしようかとも考えたのですが、15年前に宇宙の魅力を教えてくださった野口さんに恩返しをしたかったのと、対談本を出せるのもこれが最後かもしれないと思うと貴重な機会を失うのはとても惜しいと感じたのとで、思い切って「そうしましょう！」とお返事しました。

野口さんが「なぜ組織を離れる決断をしたか」をじっくりと語っていらっしゃいましたので、私もなぜ組織を離れる決断をしたかを記しておこうと思います。

私の場合、現在半径5メートルの人間関係はとてもよく、仕事の量も会社と話し合って理想的でしたので、いつまでも働き続けたいと思うほど居心地のよい環境でした。辞める際も、会社としっかり相談しながら話を進めることができ、感謝しています。そうしたよい職場だったので、離れる理由はすべて私自身の問題で、それは三つほどありました。

一つ目は、本文の中でも書いたように、私がＷＢＳのメインキャスターになってから11年ほどが経ったことです。ちょっと長くなってきたな、このままでは後輩のチャンスを奪ってしまうことになりかねないな、という感覚がありました。組織が持続可能であるためには、適切なタイミングでの新陳代謝が必要だと思います。世間では5年くらいで価値観が変わっていきます。昔はＯＫだったけれど今は完全にアウトということもたくさんあります。そうした時代の流れに会社を順応させていくためには、同じ人が特定のポストに就き続けることがリスクとなりかねません。これは経営陣だけでなく、番組の作り手にも当てはまることだと考えました。

二つ目は、体調です。これも本文の中で言及しましたが、昼は取材、夜は出演という生活を続けたことで、身体のさまざまな不調に見舞われました。薬で症状を抑えることはできても、根本的に治すことができていないので、一旦生活をリセットして、しっかり療養する必要があるとずっと思っていました。

そして三つ目の理由は、自分がこの11年で仕事以外のものを大切にできていなかったことです。月曜日から金曜日まで生出演していた丸6年くらい、平日の夜に夫と食事をしたことがありませんでした。夫はそんな生活に不満を言うことがないどころか、私のために朝食を作ってくれていました。夫の理解とサポートがなければ、クタクタになりながら働いていたあの苦しい時期を乗り越えることはできなかったと思います。

2020年の1月に1カ月間休暇をもらった時、結婚して初めて平日に夕食を家で一緒に食べることができました。その時に夫がとても嬉しそうな顔をしていたのが忘れられません。私が仕事を愛していることを知っているので何も言わないけれど、それに甘えて私は夫にとても寂しい思いをさせてしまっているのかもしれない。いつか区切りをつけられるタイミングがきたら、仕事を離れてそれまでほったらかしにしてしまっていたものを大切にしたいと、その時に思ったのでした。

以上の三つの理由で、仕事のゴールを意識しながらの生活が始まりました。出演曜日を減らし、ワークライフバランスを改善していきながら、後輩の応援をしてよいところをどんどん伸ばしてもらえるように工夫をしました。後輩については、育てたなどと言うとおこがましい感じがします。人はチャンスが来ると、その仕事のために努力して成長するものです。適度な負荷がかかることでどんどんできることが増えていく後輩たちの姿を見て確信しました。先輩としての私の役割は、自分が退くことで他の人のチャンスを作ることと、たくさん褒めて応援することだったように思います。

そうして少しずつ自分の出番を減らし、自分がいなくても何の問題もない組織にしていく過程が、私にとっては一番寂しさを覚える時間でした。どこへ取材に行っても、「ここに来るのは最後かもしれない」と思い、一瞬一瞬がとてもいとおしく思えました。野口さんにお話しした、「アイデンティティは死によって確立するのがよいのではないか」という話と通じるものがあるように感じました。いつまでもここにはいられないと「有限」を意識すると、今を大切にしたくなってくるようです。しかし、いざ退社する段階になってみると、「へえ、本当に辞めるんですねえ」と他人事のように感じてしまって、まだ全然実感が湧かず、不思議な気分です。

なんだかふわふわした感覚のまま、退社発表直後の週末に大好きな禅画を見に行きました。野口さんとの対談の中で白隠禅師の話が出てきます。その白隠さんの一番弟子といわれた東《とう》嶺円慈《れいえんじ》の描いた禅画を見た時、目と心が吸い込まれるような感覚になりました。

一筆《ひとふで》で岩のような、もしくは達磨《だるま》さんの背中のような楕円が描かれていて、そこに「是什麼《これなんぞ》」と文字が書き込まれています。その絵は、「テレビ東京のキャスター」という二十数年間付き合ってきた肩書きを手放す私に、「ではお前は何者なのだ」「お前の本質はなんなのだ」と問いかけているようでした。

確かに肩書きがなくなる喪失感は大きいけれど、私はその肩書きを手に入れる前から私だったし、これから先も私であり続けるんだ――。禅画の問いかけに、そんな答えが浮かんできました。そして、そうか、私が私であるためには野口さんがおっしゃっていた「人生の棚卸し」が必要なのだな、と腑に落ちました。

半世紀近く生きてきた私の中にはどんな蓄積があるのか。私が本当に大切にしたいものは何なのか。そして、この先どう在《あ》りたいのか。自分自身に真剣に向き合うのはちょっと恥ずかしいうえ、自分にできることがろくにないように感じて、自信を失ってしまいそうになります。本文を読み返してみると、「スキルの棚卸しが皆さん結構甘い、できることは必ずあるはず。きちんと自分を評価すべし」と野口さんが力説するくだりがあり、これはまさに私のことだと恐れ入りました。3月いっぱいは仕事のことばかり考えて過ごすつもりですので、そのあと有給休暇を消化しながら、じっくり自分自身を紐解いていこうと思います。

今回対談をさせていただいて、野口さんのお話の中に実はちょっと納得しづらい部分がありました。というのも、野口さんは宇宙飛行士として、重力に逆らって宇宙へ飛び出すためにとても過酷な競争を勝ち抜き、命がけの試練をいくつもクリアしてきたにもかかわらず、プレッシャーはよくない、成長を求め続けるのが正しいことなのか、と何度もおっしゃるのです。

一番自分を追い込んで成功をつかみ取ってきた方が何をおっしゃっているのだろうと、なかなか理解できませんでした。しかも、私は後輩たちに成長の機会をと思って、ちょっと負荷がかかる仕事を任せてきた当事者でもあり、もしかしたら悪いことをしちゃったのだろうかと心配になる部分もありました。

しかし、最後まで話を聞いてみると、成長はあくまで自己実現のための手段であり、成長を目的にして苦しいスパイラルに陥るのを避けるべきだとおっしゃっていることがわかりました。私が今、自分にできることがろくにないように感じてしまうのも、知らず知らずのうちに「目標を定めてそれをクリアし続けることと、それを周囲に期待されることが当たり前の日々」を送っていたからかもしれません。急にその目標も周囲からの期待も消えた時、自分が空っぽのような感覚になることを「燃え尽き」というのかもしれないなと、自分がそうなりかけたことでよく理解できた気がします。

こうして「あとがき」をしたためながら思うのは、「野口さんに聞いておいてよかった！」ということです。燃え尽き状態になったこと、仕事を辞める時に心がけたことなど、今の私に必要なアドバイスが野口さんの経験の中に詰まっていました。当事者として自分の内面と向き合い、分析し尽くした野口さんのおかげで、この本では人類に普遍的な教訓を炙《あぶ》り出せたように思います。

『宇宙ニュース』の頃から、番組スタッフみんなに慕われていた野口さんは、私たちの愚痴までニコニコしながら聞いてくださる仏様のような方でした。そして、この本を作っていて改めて思ったのは、論点の整理が的確、かつ仕事のスピードが異常に速いということです。野口さんがぶっちぎりの速さで宿題を仕上げていらっしゃるので、私ののろのろ運転が目立ってとても申し訳なかったです。

そんな私を根気よく待ってくださった野口さんと、この本を世に出すために尽力してくださった皆様、そして最後までお付き合いくださった読者の皆様に心より感謝申し上げます。

２０２５年３月

大江麻理子

編集協力　種田心吾
構成・執筆　嵯峨崎文香
本文写真　吉澤健太
目次・章扉デザイン　板倉 洋
協力　テレビ東京

野口聡一（のぐちそういち）

1965年生まれ。東京大学大学院修了。石川島播磨重工業（現IHI）に入社後、'96年からNASDA（現JAXA）の宇宙飛行士候補者に選定される。3回の宇宙飛行に成功し、16年間で船外活動4回。世界で初めて3通りの方法（滑走着陸、地面着陸、水面着水）で帰還したとして、ギネス記録に認定された。2021年の「宇宙からのショパン生演奏」動画などで'22年にYouTubeクリエイターアワードを受賞。'22年6月、JAXA退職。現在は、国際社会経済研究所理事兼CTO（最高技術責任者）、立命館大学学長特別補佐、世界経済フォーラム主任フェローなどを務め、講演活動や研究活動を精力的に行う。

大江麻理子（おおえまりこ）

福岡県出身。2001年、テレビ東京にアナウンサーとして入社。1年目から経済ニュース『WBS（ワールドビジネスサテライト）』を担当したほか、街を紹介する情報バラエティ番組『出没！アド街ック天国』、街歩き番組『モヤモヤさまぁ～ず2』、政治家とのトークが中心の『田勢康弘の週刊ニュース新書』、池上彰氏との選挙特番など、幅広い番組に出演。また、宇宙好きが高じて『宇宙ニュース』を立ち上げる。'13年、ニューヨーク支局に赴任。経済やマーケットの情報を現地から伝える。'14年に帰国し、報道局へ異動。同年春から11年間、『WBS』のメインキャスターを務める。2025年6月にテレビ東京を退社すると発表。

自分《じぶん》の弱《よわ》さを知《し》る　宇宙《うちゅう》で見《み》えたこと、地上《ちじょう》で見《み》えたこと

2025年4月30日初版1刷発行

著　者 ── 野口聡一《のぐちそういち》　大江麻理子《おおえまりこ》
発行者 ── 三宅貴久
装　幀 ── アラン・チャン
印刷所 ── 堀内印刷
製本所 ── ナショナル製本
発行所 ── 株式会社光文社
東京都文京区音羽1-16-6（〒112-8011）
https://www.kobunsha.com/
電　話 ── 編集部03(5395)8289　書籍販売部03(5395)8116
制作部03(5395)8125
メール ── sinsyo@kobunsha.com

落丁本・乱丁本は制作部へご連絡くだされば、お取替えいたします。

 ISBN 978-4-334-10620-1

光文社新書

1344
知的障害者施設　潜入記
織田淳太郎

知人に頼まれ、「知的障害者施設」で働きはじめた著者が見たものとは？　入所者に対する厳罰主義、虐待、職員による「水増し請求」――驚きの実態を描いた迫真のルポルタージュ。

978-4-334-10544-0

1345
だから、お酒をやめました。
「死に至る病」5つの家族の物語

根岸康雄

わかっちゃいるけど、やめられない……そんなアルコール依存症の「底なし沼」から生還するためには、何が必要なのか。五者五様の物語と専門家による解説で、その道のりを探る。

978-4-334-10545-7

1346
恐竜はすごい、鳥はもっとすごい！
低酸素が実現させた驚異の運動能力

佐藤拓己

中生代の覇者となった獣脚類、その後継者である鳥は、低酸素への適応を通じなぜ驚異の能力を獲得できたのか。地球の歴史と共に、身体構造や進化の歴史、能力の秘密に、新説を交え迫る。

978-4-334-10546-4

1347
地方で拓《ひら》く女性のキャリア
中小企業のリーダーに学ぶ

野村浩子

地方の中小企業で地道にステップアップした女性リーダーたちをベテランジャーナリストが徹底取材。本邦初、地方で働き続けたい女性、そして雇用者のための「地元系キャリア指南書」。

978-4-334-10552-5

1348
ひのえうま
江戸から令和の迷信と日本社会

吉川徹

1966（昭和41）年、日本の出生数が統計史上最低を記録した。干支《えと》にまつわる古くからの迷信は、なぜその年にだけ劇的な出生減をもたらしたのか？　60年周期の「社会現象」を読み解く。

978-4-334-10553-2

1349
バスケットボール秘史
起源からNBA、Bリーグまで
谷釜尋徳
19世紀末に宗教界の生き残り策として生まれたバスケットボールの世界的な普及と日本への伝来、五輪やNBAへの挑戦、ブームからやがて文化になるまでの歴史を、豊富な資料をもとに探る。
978-4-334-10554-9

1350
関係人口
都市と地方を同時並行で生きる
高橋博之
地方だけでなく都市も限界を迎えている日本にとって「関係人口＝地域外に拠点を置きながら地域と継続的に関わる人々」は救いの哲学となるのか？　情熱的な新・地方創生論。
978-4-334-10585-3

1351
日本一ややこしい京都人と沖縄人の腹の内
仲村清司
京都人＝イケズ⁉︎　沖縄人＝排他的⁉︎　実際はどうなの――⁉︎　京都に拠点を置きながら沖縄に通う生活を送る著者が、両地の知られざる〝遠くて近い、深い関係〟に着目した本邦初の一冊。
978-4-334-10586-0

1352
文化系のための野球入門
「野球部はクソ」を解剖する
中野慧
一高、天狗倶楽部、朝日新聞、武士道、ニュージャーナリズム、スポーツ推薦、スクールカースト、女子マネージャー……。これまで顧みられなかった「日本の野球文化」を批評する。
978-4-334-10587-7

1353
37歳で日本人最速投手になれた理由
これからの日本野球
齋藤隆
ベイスターズとイーグルスで日本一、MLBドジャースで地区優勝。NPBもMLBも知悉した著者による野球論、ピッチング論、トレーニング論、コーチング論、ビジネス論。
978-4-334-10588-4

1354
75歳・超人的健康のヒミツ
「スーパー糖質制限」の実践
江部康二

歯・耳・目、全てよし、内服薬なし、血圧・体重も維持、夜間尿なし…52歳で糖尿病を発症も、若さと健康を保っている糖質制限のパイオニア医師が、あらゆる角度から元気の秘訣を公開。

978-4-334-10589-1

1355
締め切りより早く提出されたレポートはなぜつまらないのか
「先延ばし」と「前倒し」の心理学
安達未来

人間には「先延ばし派」と「前倒し派」がいる。やたらと称賛されがちな前倒し派には深く考えることが嫌いな傾向、先延ばし派には創造性が高い傾向もある。行動の癖を心理学で解く！

978-4-334-10619-5

1356
自分の弱さを知る
宇宙で見えたこと、地上で見えたこと
野口聡一
大江麻理子

三度の宇宙飛行を経験した宇宙飛行士と、『ＷＢＳ』の元キャスターは、葛藤や挫折とどう向き合ってきたのか。ストレス、人間関係から組織論まで。「心が折れる時代」を生きるヒント。

978-4-334-10620-1

1357
介護と相続、これでもめる！
不公平・逃げ得を防ぐには
姉小路祐

介護・相続トラブルを防ぐには？　実体験をベースに、ナマの声を拾って見えてきた日本の社会構造的な欠陥。超・高齢社会で「転ばぬ先の杖」として大事な心構えとは。核心をつく提言。

978-4-334-10621-8

1358
横尾忠則２０１７―２０２５書評集
横尾忠則

創造の秘密から死後の世界まで――。朝日新聞の書評欄で著者が取り上げた全１３８冊を収録。読者に新鮮な驚きを与えた実験的な書評、「見る書評」の「ビジュアル書評」も全点掲載！

978-4-334-10622-5